KB088642

본능 독서

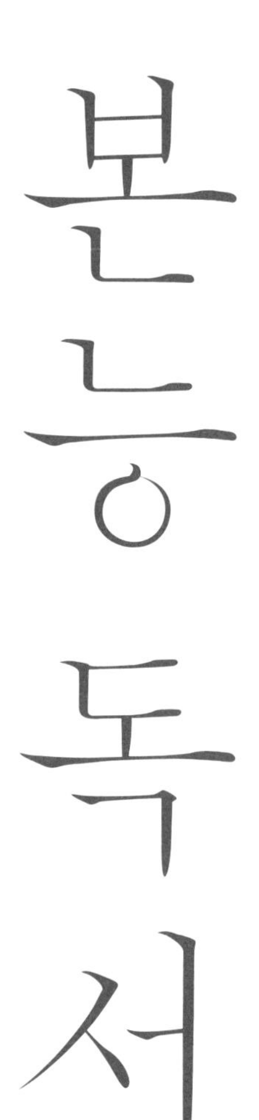

끌리는 대로 읽다 보니 나답게 사는 법을 알게 됐다

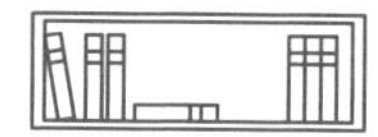

이태화 지음

10년 째 매주 1편 이상의 북리뷰를 작성하고 있습니다. 책을 읽었지만 '그래서 내가 뭐가 바뀌었나' 싶은 공허함에 시작했던 일입니다. 간단히 느낀 점을 끄적이거나 인상 깊었던 문장 몇 개를 기록했습니다. 딱히 쓸 말이 없어 목차를 있는 그대로 입력하기도, '내용 없음'이라고 적어놓기도 했습니다. 나중에는 표지 사진도 찍어서 함께 올렸고요. 그렇게 시작했던 일이 어느새 습관이 되어 지금은 600편 이상의 기록으로 발전하게 되었습니다.

처음부터 책을 열심히 읽고 글쓰기를 좋아했던 건 아니었습니다. 학창 시절, 숙제처럼 접근하는 독서에 흥미를 잃었습니다. 공학을 전공했기에 책에 노출될 일조차 많지 않았습니다. 글쓰기와도 거리가 멀었습니다. 오히려 싫어했습니다. 일기조차 꾸준히 써본 적이 없었습니다. 제 삶과는 거리가 먼 일이라 여겼습니다. 하지만 천 권 이상의 책을 읽고 10년째 북리뷰를 남기다보니 이제는 다른 분들로부터 독서 노하우를 질문받는 입장이 되었습니다. 어릴 적에는 상상도 못했던 일입니다.

10년 간 독서에 대한 많은 질문을 받았습니다. 물어보시는 분들의 삶은 모두 달랐습니다. 하지만 저에게 털어놓는 고민과 질문은 대개 유사했습니다. 책을 열심히 읽고 싶은 데 그게 잘 안된다, 시간이 부족하다, 하루에 얼마큼 책을 읽느냐, 속독법을 하느냐, 어떻게 좋은 책을 고르냐, 무슨 책을 읽는 것이 좋냐, 독서 습관을 들이는 비결이 있느냐, 어떤 방법으로 북리뷰를 작성하느냐, 책을 잘 읽는 방법이 뭐냐….

다양한 고민과 마주하며 알게 되었습니다. 꽤 많은 분들이 책에 관심이 있지만 막상 독서를 어려워하고 있다는 걸 말이죠. 다들 책이 유익하고 독서가 필요하다는 걸 알고 있었습니다. 문제는 독서의 중요성을 알면서도 실천하지는 못하고, 그런 자신을 보며 안타까워한다는 것입니다. 오죽 답답했으면 저에게 고민을 털어놓았을까요. 이렇게 반복해서 질문을 던지는 분들을 위해 한 번쯤 제 경험과 생각을 정리해 세상에 내놓아야겠다고 다짐했습니다. 그 다짐에서 출발한 결과물이 이 책입니다. 제가 드릴 수 있는 가장 길면서도 잘 정리된 답변입니다.

제 독서법을 한마디로 정의하자면 '본능 독서'입니다. 말 그대로 본능적으로 읽는 겁니다. 내면에서 올라오는 끌림에 따라, 욕망이 이끄는 대로 책을 선택하고 음미합니다. 사회에서 만들어놓은 기준을 달성하거나 시험 문제를 풀기 위해 읽지 않습니다. 제가 가진 욕구, 의문, 고민을 풀기 위해 책을 읽습니다. 억지로 애써가며 읽어내는 게 아니라 호기심에 읽어가고 재미가 없으면 덮어둡니다. 덕분에 책이 일상으로 들어왔고 독서가 습관이 되었습니다.

종종 "그렇게 읽어서 뭐가 달라졌나요?"라는 질문을 받았습니다. 그러게요. 당장 삶이 달라지지는 않았습니다. 책 읽는다고 누가 돈 주는 것도 아니었고요. 인정받는 스펙이 쌓인 것도, 외모가 달라진 것도, 없던 능력이 마법처럼 생긴 것도 아니었습니다. 눈앞에 놓인 책 한 권 한 권의 마지막 장을 덮을 때마다 뭐가 달라졌나 저 역시 궁금했습니다.

하지만 지금은 알고 있습니다. 독서를 통해 결국 얻은 것은 '나답게 사는 법'이라는 걸 말이죠. 끌리는 대로 책을 선택하는 과정에서 저의 관심사와 흥미를 알게 되었습니다. 질문을 던지고 답을 얻어가는 과정에서 가치관과 철학을 정립할 수 있었습니다. 책을 읽고 정리하는 과정에서 저만의 콘텐츠를 만들 수 있었고, 사고하고 실천하는 과정에서 세상 앞에 설 수 있는 힘을 길렀습니다. 과거를 답습하던 삶에서 벗어날 용기를 얻는데, 애써 들어간 회사를 그만두고 스타트업에 뛰어드는데, 어릴 적엔 상상도 하지 못했던 삶을 살아가는데 책이 큰 원동력이 되었습니다.

여러분, 본능 독서하세요. 책에 흥미를 잃었던 제가 독서를 습관으로 만들게 된 비결이자 지금껏 독서에 관해 받아왔던 모든 질문에 대한 핵심 답안입니다. 어떻게 본능 독서 하냐고요? 이 책을 통해 그 자세한 이야기를 나누고자 합니다. 본능 독서가 무엇이며 왜 해야 하는지, 고정관념에서 벗어나 나답게 읽는다는 게 무엇인지, 어떻게 독서를 즐기고 책을 꼭꼭 씹어 먹을 수 있는지를 담았습니다. 본능 독서를 통해 책과 친숙해지고, 독서가 일상이 되었으면 좋겠습니다. 나아가 책을 통해 자기다운 삶을 만들어 가시길 바랍니다. 본능 독서가 이에 큰 힘이 될 것입니다.

차례

Chapter 3. 나답게 책 읽기 어떻게 독서를 시작하면 좋나요?

Chapter 4. 마음껏 즐기기 재밌게 독서하는 비법이 있나요?

Chapter 5. 책 꼭꼭 씹어먹기 책을 잘 읽는 방법은 뭔가요?

Chapter 1

본능 깨우기

왜 본능 독서인가요?

성공하기 위해 책 읽지 않겠습니다

책을 읽어서 성공한 사람들이 많다고 합니다. 세계적으로 유명한 기업인, 정치가, 예술인, 과학자, 운동선수… 그 사례를 들자면 끝이 없습니다. 그렇게 제시된 사례 뒤엔 항상 "그러니 열심히 책을 읽어라"라는 계몽적인 메시지가 따라옵니다. 어릴 적부터 받아온 독서 교육의 골자는 항상 같았습니다.

"성공하고 싶다면 책을 읽어라, 이들처럼."

모든 일에는 원인과 결과가 있습니다. 원인과 결과의 법칙인 '인과법칙'이 온 세상 만물이 흘러가는 근본 원리라고도 하지 않습니까. 지금껏 받아온 일반적인 독서 교육을 분석해볼까요. 성공이 결과라면 독서가 원인입니다. 독서라는 원인을 실행했을 때 성공이라는 결과가 따라오는 셈이죠. 만약 성공을 꿈꾸고 있다면 반드시 책을 읽어야 합니다. 그 성공이 누구를 위한 어떤 성공인지는 모르겠지만 말이죠.

저 역시 책을 통해 많은 것을 얻은 사람입니다. 독서의 중요성에 동의합니다. 다만 여기서 한 번 질문을 던져볼까요. 성공의 원인이 독서라면, 독서의 원인은 무엇일까요. 그토록 강조하는 성공 사례 속 위대한 인물들은 도대체 무슨 이유로 독서를 하게 된 걸까요. 인과법칙대로라면 그들이 독서를 하게 된 원인도 있어야 하지 않겠습니까.

무엇(What)? ➡ 독서 ➡ 성공!

저 역시 처음에는 성공이라는 달콤한, 아니 달콤해 보이는 열매에 혹해 "그래! 나도 열심히 책을 읽어보자"며 구호를 외쳤습니다. 눈에 보이는 대로 책을 펼쳤습니다. 의욕이 넘쳤습니다. 목숨 걸고 책을 읽으면 각종 사례 속 주인공들처럼 성공할 수 있을 거라 기대했습니다. 하지만 그런 의욕은 오래가지 않았습니다. 그들이 보여준 성공이 제가 원하는 성공은 아니었습니다. 꼭 책을 읽어야만 성공할 수 있는지에 대해서도 의문이 들었습니다. 책을 열심히 읽고도 사회적 물의를 일으키고, 애독가가 아니어도 소위 성공했다고 평가받는 사람들이 많았거든요.

더는 일괄적으로 제시되는 '성공'이라는 열매에 혹하지 않았습니다. 예전처럼 매력적으로 보이지 않았거든요. 그러자 성공이라는 세속적 욕망을 떠나, 내면을 닦으라는 훈시를 받았습니다. '훌륭한 사람'들은 모두 책을 열심히 읽었다고 했습니다. 저도 그렇게 되기 위해 열심히 책을 읽어야만 할 것 같았습니다. 또다시 책을 펼쳤습니다. 금세 지치더군요. 이렇게 동기 부여를 받는 것엔 한계가 있었습니다. 진짜 제 내면에서 올라온 열정이 아니었거든요. 점차 독서에 흥미가 떨어졌습니다. 이제는 반발심도 생겼습니다. "내가 꼭 성공해야 되나? 훌륭한 사람이 되어야 하나? 책을 꼭 읽어야 하나?"

우리 사회는 계속해서 열심히 책을 읽으라고 강요합니다. 각종 책과 교육을 통해 왜 독서해야 하는지 수많은 이유를 제시합니다. 논리적이고 합리적인 근거를 내밀고 당위성을 주장합니다. "그럼에도 책을 읽지 않는다고?" 책을 안 읽으면 마치 인생 낙오자인 양 바라봅니다. "쯧쯧, 책이 이렇게 좋은데 어떻게 안 읽을 수가 있지!"라며 말이죠.

이렇게 일괄적인 방식으로 접근하니 사람들에게 독서는 항상 의무감의 대상이 됩니다. 점점 더 모든 책을 교과서 공부하듯 대하게 되죠. 안 그래도 '해야 한다'는 많고 '하고 싶다'는 없는 게 지금의 안타까운 현실입니다. 여기에 독서까지 매번 '해야 한다'의 주요 대상이 되는 겁니다. 이쯤 되면 독서가 개인적 취미의 영역인지 사회적 의무의 영역인지 헷갈리지 않습니까.

저는 각종 자기계발 강의와 모임을 운영하고 꾸준히 블로그에 북리뷰를 남기고 있습니다. 자연스레 자기계발에 열심인 분들과 인연을 맺게 됩니다. 새해 초가 되면 다들 어떤 계획들을 세우시나 살펴봅니다. 올해는 몇 권의 책을 읽겠다는 목표가 자주 보입니다. 그것도 매 해마다 반복해서 말이죠. 좋은 일입니다. 멋진 계획이죠. 그런데 그 목표를 이야기하는 사람의 표정, 목소리, 말투, 문체를 보면 마냥 즐거워 보이지만은 않았습니다. 왜 그럴까요.

기쁨과 행복에서 나온 목표가 아니기 때문입니다. 이쯤에서 한번쯤 솔직하게 마음을 털어놨으면 좋겠습니다. '올해 50권, 100권의 책을 읽을 거야. 일주일에 한 권씩 책을 읽을 거야….' 왜 이런 목표를 세우시나요. 독서가 너무 좋아서인가요? 아니면 매 해마다 그대로 반복하는 계획을 이제는 한번 깔끔하게 처리해보고 싶어서인가요. 마치 밀린 숙제에 대한 부담감과 심리적 부채감을 말끔히 없애고 싶은 마음처럼 말이죠.

진짜 책이 좋아서 독서 목표를 세우시나요. 아니면 어릴 적부터 항상 책 읽는 게 좋다고 들어왔고 남들도 다 그러고 있으니 그냥 세워보는 건가요. 새해 자기계발 계획에 독서 영역은 하나 있어야

될 것 같아서 넣어 놓은 건가요. 자신에게 솔직하게 물어보세요. 책이 흥미로운 취미인지 아니면 부담스러운 과제인지, 독서가 흥미로운 활동인지 정복해야 할 미션인지 말이죠.

천 권 만 권 독서가 정답은 아닙니다

"천 권, 만 권 책을 읽었더니 인생이 바뀌었다. 독서는 기적이다. 그러니 책을 읽어라!"

멋진 스토리입니다. 책을 떠나 무언가를 이 정도로 열심히 또 꾸준히 한다는 건 대단한 일이거든요. 이런 사람이라면 사실 어떤 일을 해도 잘할 겁니다. 자신만의 목표를 세우고 이를 향해 꾸준히 나아가는 끈기와 집념이 있는 사람이라면 그 존재의 힘이 도구나 대상을 뛰어넘거든요. 불우한 환경에 굴하지 않고 한 분야의 대가가 된 사람들을 보며 "저 사람은 뭘 했어도 잘했을 거야"라고 말하지 않습니까. 목표를 세우고 달성해 본 경험이 있는 사람은 자신감이 있습니다. 성취하는 맛도 알고요. 그러니 더 잘하게 되고요.

성공한 사람들의 이야기를 보며 동기 부여 하고 그들을 벤치마

킹하는 것은 좋습니다. 다만 누군가의 성공 스토리를 들을 때는 존재를 먼저 봐야지 도구와 대상에 현혹되어서는 안 됩니다. 이는 달을 가리키는 손을 보며 달이라고 착각하는 것과 비슷합니다. 책을 열심히 읽으면 분명 얻는 게 있습니다. 많은 양의 책을 꾸준히 읽은 사람은 삶에서 큰 변화를 만들어낼 수 있는 힘이 있습니다. 그러나 이 방식이 모두에게 정답이라고는 말할 수 없습니다. 1년에 한두 권의 책을 읽고도 자기 분야에서 성공하는 사람이 있고, 천 권 만 권을 읽고도 책 안에서 벗어나지 못하는 사람이 있거든요. 독서량이라는 숫자에 현혹되지 말고 숫자를 만들어내는 사람과 그 과정을 먼저 보는 것이 중요합니다.

많은 양의 독서, 분명 좋습니다. 특히 천 권, 만 권과 같은 상징적 숫자를 만들어낸 사람은 독서에 대한 자신감을 갖게 됩니다. "나는 이 만큼의 책을 읽어 왔어"란 말은 자신감의 근거가 되거든요. 나아가 "나는 목표를 달성할 수 있는 사람이야"라는 신념으로까지 이어집니다. 이런 신념은 향후 자신이 하는 또 다른 일에도 자신감을, 삶 전반에 대한 용기와 희망을 갖게 만드는 원동력이 됩니다. 하지만 이 값진 자신감이 자존심으로 변질되어선 안 됩니다. "나는 이만큼 읽었으니 남들보다 대단해", "저 사람은 독서량이 적으니 아직 부족한 사람이야" 하고 말이죠. 반대로 "나는 이것밖에 못 읽었는데 어떡하지?" 이 역시 옳지 않은 발상입니다. 책을 읽은 수가 사람의 우열을 평가하는 기준이 될 수 없습니다. 지식의 양과 지혜의 깊이를 나타내는 척도도 될 수도 없고요. 나에게 용기를 주는 자신감의 근거로 활용해야지 남과 비교하는 무기로 사용해서는 안 됩니다.

사람마다 책을 읽는 방식이 다릅니다. 한 권의 책에 빠지면 그 책만 반복해서 읽는 사람이 있습니다. 한 작가에 빠져 그 사람의 작품만 보는 사람도 있습니다. 그런 사람에게는 책을 읽은 권수 자체가 중요하지 않습니다. 책과 저자와 얼마나 교감했느냐가 중요하죠. 같은 사람이라도 상황에 따라 읽는 방식이 달라지기도 합니다. 살아있는 모든 것이 움직이듯, 사람 역시 계속해서 변하기 마련이니까요.

100권 읽은 사람과 200권 읽은 사람 사이에 우열이 있다는 걸 누가 증명할 수 있나요. 한 권의 책을 10번 읽은 사람보다 20번 읽은 사람이 내용을 더 많이 이해하고 있다고 누가 보장할 수 있겠습니까. 그 사람이 누구냐, 어떻게 읽었느냐에 따라 다른 거죠. 권수가 권력이, 책 많이 읽는 게 권위가 아닙니다. 어떻게 읽고, 얼마큼 느끼고 받아들이며, 얼마나 변화하고 성장하느냐가 중요한 겁니다. 게다가 성장의 도구로 책만 있는 게 아닙니다. 독서만이 유일한 성장법인 것도 아니고요. 책이 아닌 다른 수단에 투자해 성장한 사람도 있습니다. 사람의 존재적 가치와 그 사람의 성장을 읽은 책의 권수로 재단한다는 건 지극히 단순한 접근입니다. 책을 제대로 읽는 사람이라면 그런 우를 범하지는 않을 겁니다.

누구는 몇 권을 읽었고 나는 몇 권을 읽었다는 식으로 비교할 필요가 없습니다. 독서량은 경쟁을 위한 종목이 아닙니다. 그저 자신의 상황에 맞는 목표를 세우고 이를 달성해가는 과정에 집중하세요. 비교의 대상은 남이 아니라 어제의 내가 되어야 합니다. 어제보다 한 발짝 더 나아갔다면, 어제보다 한 번 더 행복을 느꼈다면, 그거면 됩니다.

다독 콤플렉스에 빠져 있는 사람들이 많습니다. 많이 읽는 건 좋습니다. 하지만 집착하지는 마세요. 집착과 집중은 다릅니다. 집착은 오히려 책에 대한 집중을 방해하고 평정심을 잃게 만듭니다. 한때 책을 읽은 숫자에 집착한 적이 있습니다. 다른 사람보다 내가 얼마나 더 많이 읽느냐에 온 관심을 둔 것이죠. 그러자 내 본능적인 호기심과 끌림이 있는 책이 아니라, 빨리 넘길 수 있는 책을 찾았습니다. 얼마큼 느끼고 사색하느냐가 아니라 얼마나 빠르게 시선을 옮기고 책장을 넘기느냐에 초점을 맞췄습니다. 귀한 음식을 음미하는 게 아니라 그저 위장으로 구겨 넣기 바쁜 모습이었습니다. 읽은 책 목록이 한 줄 늘어났지만 마음의 양식은 얻지 못했습니다. 이는 내가 책을 읽는 게 아니라 책에 내가 읽히는 꼴입니다.

어른들을 위한 동화가 있죠. 내용 자체가 많지는 않습니다. 하지만 짧은 글 속에 따뜻한 울림이 있고 부드러운 그림 안에 조용한 평화가 있습니다. 나이가 들어서도 다시 동화를 찾게 되는 이유입니다. 내면의 끌림이 있거든요. 그런데 책을 읽은 양에 집중하다 보니 이런 책들을 그저 읽은 권수 올리는 수단으로 바라보게 됐습니다. 글자는 적고 그림이 많으니 어찌나 책장을 넘기기 쉽던지요. 순식간에 책 한권을 처치해버릴 수 있었습니다. 읽은 책 숫자가 한 칸 늘어나니 즐거웠고요. 하지만 공허했습니다. 기껏 그 유명하다는 모나리자를 보러 프랑스 루브르 박물관에 가서는 감상할 틈도 없이 기념사진 한 장 달랑 찍고 나온 느낌이랄까요.

숫자는 관리를 위한 도구입니다. 거기에 집착하지 마세요. 집착하다보면 즐기고 느끼지 못합니다. 그렇게 올린 숫자는 허상입니다. 다독이 콤플렉스가 아니라 자연스레 따라오는 결과가 되기를 바랍니다.

우리는 책 읽으려고 태어나지 않았습니다

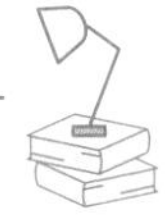

앞서 말했듯 많은 책과 교육 자료들은 반복해서 이야기합니다. 위대한 사람들은 서재를 장서로 가득 채우고 손에서 책을 놓지 않는 다독가였다고 말이죠. 그럼 그 사람들은 도대체 어떤 이유로 책을 읽게 된 걸까요. 거기서 모든 게 시작되는 게 아닐까요.

지금껏 그토록 많은 근거와 사례를 통해 책을 읽어야만 하는 이유를 배워오지 않았습니까. 그런데 꾸준히 책을 읽는 사람은 많지 않습니다. 중요한 사실을 하나 놓쳤기 때문입니다. 사람은 머리로만 움직이지 않습니다. 객관적이고 논리적인 근거가 있기에 움직이는 게 아닙니다. 오히려 사람을 움직이게 하는 가장 큰 원동력은 다른 곳에 있고, 아주 단순한 표현으로 가능합니다. "그냥, 끌려서."

그렇습니다. 사람은 이성적이되 감성적인 동물입니다. 감성의 힘이 이성의 논리를 앞서는 경우가 많고요. 쇼핑을 할 때 자신이 어떤 기준으로 물건을 선택하는지 생각해보세요. 마케팅 전문가들 사이에서 오래 전부터 회자되는 말이 있습니다. "사람은 감성으로 선택하고 이성으로 합리화한다." 우리가 누군가를 좋아하는 것도 마찬가지입니다. 논리적이고 객관적인 근거를 바탕으로 체계적인 절차를 거쳐 이성적이고 합리적인 판단을 내린 뒤 좋아하는 게 아닙니다. 그냥 끌리는 것, 눈길이 가는 것에서 시작합니다.

제가 얻은 재미난 관찰 결과를 말씀드릴게요. 책을 진짜 열심히 읽는 사람들은 사실 열심히 읽고 있지 않습니다. 남들이 봤을 때나 '열심'이지, 그들은 열심히 읽는다는 생각조차 하지 않습니다. 딱히 '열심'을 의식하지도 않습니다. 억지로 애쓰면서 읽고 있는 게 아니라는 겁니다. '이만큼의 책을 읽으면 나도 성공할 수 있을 거야. 훌륭한 사람이 될 수 있을 거야'라는 강력한 목적의식보다는 그냥 끌림에 따라 자연스럽게 읽습니다. 이 사람들에게는 책을 읽어야만 하는 논리적 근거나 각종 성공 사례가 필요 없습니다. 누군가 나서서 열심히 읽으라고 설득할 이유도 없고요. 그냥 좋아서 읽습니다. 본인이 좋아서 읽는다는데 무슨 이유가 더 필요하겠습니까.

본능적 끌림과 강력하게 연결되는 게 인간의 '호기심'입니다. 관심 있는 이성을 만났을 때를 생각해보세요. 저 사람은 무슨 음식을 좋아할까, 취미 생활은 뭘까, 가족 관계는 어떻게 될까, 어떤 꿈을 갖고 있을까. 궁금한 것들 투성이죠. 그 사람에 대해 더 알고 싶은 것들이 많아집니다. 호기심이 생기는 거죠. 사랑에 빠질수록 호기심이 깊어집니다. 반대로 호기심에서 사랑이 시작되기도 합니다. 사실 경계가 참 애매합니다. 그렇기에 많은 연애 고민 상담 게시판에 이런 글이 있는 거죠. "이건 사랑인가요, 호기심인가요?"

독서도 이런 호기심에서 시작해야 합니다. 책을 읽으면 성공할 수 있다, 훌륭한 사람이 될 수 있다는 강요된 열매에서 벗어나서요. 책을 읽었을 때 얼마나 두뇌가 활성화되고 언어능력이 높아질 수 있는지 논리적이고 객관적인 근거는 이제 내려두고요. 자신이 갖고 있는 본능적 호기심에서 독서를 시작해야 합니다. 그렇지 않은 독서는 지금껏 그래왔듯 항상 '해야 한다'는 의무감의 대상이지, '하고 싶다'는 흥미의 대상이 아닙니다.

잠시 눈을 돌려 천진난만한 아이들을 살펴보세요. 발이 잠시도 바닥에 붙어있지를 않습니다. 걸음마를 뗀 아이들은 신비로울 정도로 쉴 새 없이 뛰어다닙니다. 게다가 어찌나 겁이 없는지 여기저기 다 건드려보고 만져봅니다. 문이 있으면 열어보고, 잡히는 물건이 있으면 입에 갖다 대고, 뭐라도 흔들고 찔러보고 잡아당기고 아주 난리가 납니다. 세상 모든 일에 다 참견하려는 것처럼요.

그 조그마한 몸에 어떻게 그런 체력과 에너지가 있는지 경이롭습니다.

그런데 이 아이들이 '오늘도 열심히 움직여서 뼈와 근육의 성장을 촉진시켜야 해'라는 의무감에 움직이고 있을까요? '하루 빨리 다양한 체험을 통해 세상을 이해해야 돼'라는 강박 관념에 움직이고 있을까요? 아닙니다. 눈에 보이는 모든 것들이 궁금하니까, 호기심에 끌리니까, 재밌으니까 그토록 부단히 움직이며 일을 벌이는 겁니다. 아주 본능적이죠.

의무감은 사람을 움직이게 하지만 그것만이 사람을 움직이게 하는 건 아닙니다. 내면에는 더 큰 원동력이 자리 잡고 있습니다. 그런데 왜 우리는 매번 의무감으로만 책을 읽으려고 할까요. 안 그래도 이미 충분히 많은 의무 속에서 하루하루 방전되고 있지 않습니까. 이런 상황에서 책마저 나를 방전시키는 대상으로 받아들일 필요가 있을까요. 우리가 책 읽으려고 태어난 것도 아닌데 말이죠. 이제는 독서에 접근하는 방식이 달라져야 합니다.

숙제가 된 독서에 흥미를 잃다

어릴 적, 많은 남자 아이들과 마찬가지로 저 역시 영웅이 되고 싶었습니다. 영웅이 정확히 어떤 건지는 몰랐습니다. 구체적으로 무슨 일을 하는 영웅이 되고 싶은 건지, 어떤 악당을 물리치고 싶은지도 몰랐습니다. 그냥 가끔씩 누군가가 들려주는 그림책 속 영웅들의 이야기가 멋져 보였습니다. '동경'이라는 단어는 몰랐지만 동경하는 마음이 있었습니다. 구체적이지는 않지만 '나도 저렇게 멋진 영웅이 되고 싶다'는 순수한 마음 말입니다.

어린 아이에게는 한 학년 올라가는 게 천지가 개벽하는 듯한 변화입니다. 마음도 신체도 많은 것들이 달라지죠. 그런데 영웅에 대한 호기심은 없어지지 않는 겁니다. 오히려 막연한 동경의 대상이었던 영웅에 대해 조금 더 구체적으로 알고 싶다는 마음이 강해졌죠.

그때 마침 눈에 들어온 게 '삼국지三國志'였습니다. 정확히 말하자면 진나라의 학자 진수陳壽, 233~297가 편찬한 역사서 삼국지가 아니었습니다. 14세기 나관중이 편찬한 장편 역사 소설 삼국지, 즉 '삼국지연의三國志演義'였죠. 대다수에게는 중요하지 않은 사실이지만, 삼국지를 많이 읽은 분들에게는 중요한 구분이죠. 역사와 상상을 구분하는 잣대가 되거든요.

처음에는 그 사실을 몰랐습니다. 삼국지는 전부 다 같은 삼국지라 생각했습니다. 상관없었습니다. 저에게 중요한 건 이 책 안에 수많은 영웅들의 이야기가 담겨있다는 사실만이 중요했습니다. 등장인물만 약 1,200명이니 그 당시 영웅에 빠져 있던 어린 아이의 마음이 얼마나 설렜겠습니까. 어디까지가 역사적 사실이고 허구인지는 그 다음 문제였습니다. 일단은 영웅에 대한 호기심을 풀어가는 게 핵심이었으니까요.

재밌었습니다. 영웅이 고난을 극복하는 모습이 감동적이었고, 불리한 상황을 뒤엎고 뜻을 이룰 때 통쾌했습니다. 나아가 소설 속 수많은 인물들의 모습을 보며 '영웅'이라고 표현할 수 있는 사회적 역할에 대해 다각도로 접근할 수 있었습니다. 수많은 인물들이 겪는 다양한 에피소드와, 그 안에서 서로 빚어내는 갈등을 보며 조금씩 사람도 이해하게 되었고요. 그들에게 감정 이입을 했고, 그 상황에서 만약 나였다면 어떻게 말하고 행동했을까를 상상해볼 수도 있었습니다.

이 재미를 알게 되자 처음 펼쳐든 삼국지 책 한 권으로는 만족할 수 없었습니다. 조금 더 내용이 풍부하게 담긴 두꺼운 책을 찾았습니다. 맛있는 음식을 더 사먹게 되는 것처럼 말이죠. 다음에는 단권이 아닌 여러 권으로 구성된 책을 찾았습니다. 다음에는 수십 권 분량의 책을 찾았습니다. 점차 그림이 없는 성인 대상의 장편 도서들도 찾게 되었습니다. 소설이라는 형식에서도 벗어났습니다. 삼국지 내용을 신문 형식으로 엮은 책, 삼국지 인물을 빌어 리더십을 연구한 책 등 그냥 삼국지라는 이름만 붙어 있으면 일단 펼치고 봤습니다. '더 읽고 싶다, 더 알고 싶다'는 마음이 강했으니까요.

계속 삼국지를 찾아 읽다 보니 호기심의 대상이 확장되었습니다. 삼국지의 배경이 되는 역사에 대해, 삼국지 안에 나오는 각종 무기와 전술에 대해, 삼국지에 나오는 사자성어나 고전, 삼국지와 유사한 또 다른 역사 소설에도 관심이 갔습니다.

이미 영웅에 대한 호기심을 삼국지라는 책을 통해 풀어갈 수 있다는 걸 체험했습니다. 그러니 확장된 호기심 또한 책을 통해 풀어갈 수 있다는 사실을 본능적으로 알고 있었죠. 누가 시켜서가 아니라 그냥 자연스럽게 다른 책에 손이 갔습니다. 제 호기심을 풀어줄 수 있는 책이라면 어떤 것이든 상관없었습니다. 때로는 한자와 한글이 잔뜩 섞여 있는 책도 펼쳤습니다. 물론 대부분의 한자 뜻을 몰랐습니다. 이해 안되는 내용도 많았고요. 여기서 중요한 건, 그 어린아이에게는 책을 펼치는 데 있어 두려움보다 즐거움이 앞섰다는 겁니다.

아쉽게도 그렇게 읽은 책의 내용들 대부분을 잊어버렸습니다. 어린 시절에 읽은 내용들이라 시간이 지나며 자연스럽게 잊혀졌습니다. 하지만 이 때 얻은 보물은 지식과 정보 그 자체가 아닙니다. 책에 대한 친숙함입니다. 제가 읽는 책들의 주제가 너무 편협하다는 이야기를 들었습니다. 그래도 그 덕분에 책을 읽는 행위, 독서에 대한 부담감을 많이 떨쳐낼 수 있었습니다. 첫 장을 펼치는 게 어려운 일이 아니라는 걸, 그냥 읽으면 된다는 걸, 나는 책을 읽을 수 있는 사람이라는 걸 온 몸으로 경험하며 알게 되었습니다.

이 모든 건 그저 영웅이 되고 싶었던 어린 남자 아이의 순수한 호기심과, 마침 부모님께서 사주셨던 어린이용 삼국지가 만나면서 시작됐습니다. 독서를 통해 얻을 수 있다는 문학적 감수성 향상, 과거를 통해 알아보는 현대 사회의 이해, 미래를 바라보는 통찰, 자기 효능감 증진 등이 아니었습니다. 그런 목적에는 관심도 없었습니다. 다만 시간이 지나고 보니 자연스레 따라왔다는 걸 알게 되었죠.

재밌으면서도 참 안타깝게도, 그렇게 시작된 제 독서 생활은 오히려 본격적으로 독서에 대한 교육을 받으면서 중단되었습니다. 책은 제 순수한 호기심을 풀어갈 수 있는 대상이었고, 끌림이 있을 때 펼쳐드는 존재였습니다. 그런데 교육을 받다보니 어느새 책은 곧 숙제의 대상으로 변했습니다. 학교에서 정해놓은 추천 도서를 읽어야 했고, 윗사람에게 인정받을 수 있을 만한 독후감을 제출해야 했거든요. 아무런 호기심도 없이 추천 도서 목록 중 한 권을 골라 읽기 시작해, 아무런 느낌 없이 독서가 끝났습니다. 대신 어떻게 하면 빨리 숙제를 마칠 수 있을까에 대한 고찰만 남았습니다. 책을 선택하는 기준은 '빨리 감상문 쓸 수 있는 책', 읽는 목적은 '빨리 독후감 쓰고 끝내기'였습니다.

더 나아가 책은 곧 언어 영역 공부가 되어버렸습니다. 각종 교육 자료에서는 독서를 많이 한 아이가 언어 영역 점수가 높다고 했습니다. 많은 전문가들이 청소년이라면 반드시 시험 지문으로 나오는 문학 작품들을 읽어야 한다고 강조했습니다. 성적을 위해 책을 읽어야만 할 것 같았습니다. 그런데 막상 자율 학습 시간에조차 책을 읽을 수 없었습니다. 한가하게 책 읽을 시간이 아니라며 혼났거든요. 공부를 위해 책을 읽어야 한다면서 막상 공부 시간에 책을 읽을 수 없는 겁니다. 그것도 '자율 학습 시간'에, 심지어 교과서에 나오는 문학 작품조차 말이죠.

책의 내용을 책 자체가 아니라 문제집에 수록된 책의 인용문을 통해서만 접할 수 있었습니다. 그것도 재미와 호기심의 대상이 아닌 문제를 맞추기 위해 해석해야 하는 것이었습니다. 소설을 봐도 과거 삼국지를 읽었을 때처럼 그 인물에 감정 이입하고 상황에 몰입할 수 없었습니다. 소설 속 주인공의 입장과 인물 간 갈등을 머리로 분석하기 바빴거든요. 시를 봐도 마찬가지였습니다. 공감과 감동 따위는 없었습니다. 그저 화자의 의도가 무엇인지 분석하기 바빴거든요. 얼마나 몰입하고 감동했느냐가 아니라 얼마나 많은 문제를 정확히 맞췄냐가 중요했습니다. 이성이 감성을 압도했습니다. 그렇게 책과 멀어졌습니다.

나만의 질문이 독서의 길을 만든다

다시 책과 친해진 건 고민 많은 대학생 시절부터였습니다. 그 중심에는 역시 본능적 호기심이 있었습니다. 대학 입시라는 사회적 과제에서 벗어나자 이제는 새로운 고민이 생겼습니다. 나는 누구이며, 내가 뭘 좋아하고 잘하는지, 어떤 삶을 살고 싶은지, 어떻게 살아야 하는지 모르겠는 겁니다. 교과서에서는 대부분 사춘기 때 이런 고민을 한다고 나와 있었습니다. 저 역시 그런 고민을 계속 안고 있었습니다. 다만 현실에서 고민을 파고들 여력이 없었습니다. 숙제를 제출하고 시험 성적에 신경 쓰기 바빴으니까요. 계속 고민을 보류할 수밖에 없었습니다. 대학생이 되자 이제는 더 이상 미룰 수 없었습니다. 정해진 커리큘럼이 없는 세상에 뛰어들어야 했으니까요. 해답을 찾고 싶었습니다. 하지만 답이 떠오르지 않았습니다. 주위 사람들을 둘러봤습니다. 어느 누구도 저에게 정답을 알려줄 수 없었습니다. 모두 같은 이야기만 반복할 뿐이었습니다. "네 안에 답이 있지 않을까?"

고민이 깊어지면 그 고민에 방향을 잃게 되고, 고민에 방향을 잃다 보면 나중에는 도대체 무엇 때문에 고민했었는지도 잊은 채 계속 고민만 하게 됩니다. 저 역시 그랬습니다. 삶의 본질적인 질문으로 고민하다 보니 끝이 없었습니다. 고민이 또 다른 고민을 불러오고 나중에는 원래 고민이 뭐였는지도 잊어버렸습니다. 눈덩이처럼 쌓인 고민들 탓에 '오늘 뭐 먹지'라는 단순한 고민에도 힘들어하고, 그냥 고민하고 있는 나 자체에 또 고민하게 되고요.

이대로는 안 되겠다 싶었습니다. 제가 갖고 있는 고민과 답을 얻고 싶은 질문들이 무엇인지 머릿속에 떠오르는 대로 종이에 적었습니다. 시간을 두고 끄적이다 보니 어느 정도 정리가 되었습니다. 쓰는 것만으로도 마음이 편안해지더군요. 원래 가지고 있던 진짜 고민과 그것이 불러온 2차 고민을 분류할 수 있었고, 머릿속을 부유물처럼 떠다니던 질문들을 종이 안에 내려놓을 수 있게 되었거든요.

어느 정도 고민을 분류하고 객관적으로 바라볼 수 있는 여유가 생기자 그때 다시 책이 눈에 들어왔습니다. 이미 저와 유사한 고민을 했을 수많은 사람들의 경험이 책에 담겨 있을 테니까요. 정답까지는 아니더라도 참고해볼 만한 의견들은 분명 얻을 수 있을 테니까요. 사실 책 밖에 의지할 곳이 없기도 했습니다. 돈도 인맥도 경험도 부족한 저에게 짧은 시간에 많은 사람들의 깊이 있는 의견을 얻을 수 있는 수단이 책 외에는 딱히 보이지 않았거든요.

고민거리, 질문거리 목록을 들고 학교 도서관으로 향했습니다. 제 의문에 대답을 해줄 수 있을 것 같은 책들을 하나둘씩 펼쳤습니다. 이제는 수험생 시절처럼 언어 영역 공부하듯이 책을 바라볼 이유가 없었습니다. 자기계발, 에세이, 인문, 자연 과학, 사회 과학, 소설 등 장르에 상관없이 제 호기심을 풀 수 있을 것 같은 책이라면 뭐든지 펼치고 봤습니다. 남들의 기준에 맞출 것도, 누가 시켜서 의무감에 읽어야 할 것도 없었습니다. 끌림이 있고 눈길이 간다면 어떤 책이든 상관없었습니다.

점점 펼치는 책들이 늘어나자 새로운 고민이 생겼습니다. 이렇게 마구잡이로 책을 읽어도 되는가였습니다. 도서관에 자주 들락날락하고 책에 관심을 가지다 보니 '죽기 전에 읽어야 할 고전 몇 선', '대학생 · 성인이 읽어야 할 명저 몇 선' 등의 각종 추천 도서 목록이 눈에 들어왔습니다. 그런 목록을 볼수록 권위자들이 추천하는 도서 목록과 제가 읽고 있는 도서들을 비교하게 되었습니다. 왠지 고전을, 세계적으로 유명한 책을, 두꺼운 책을, 어려워 보이는 책을 읽어야만 할 것 같았습니다. 그래야만 참된 지성인인 것만 같았습니다. 그런 책을 읽기 전에는 "나는 아직 생각이 어린 사람이 아닐까", "혹시 내가 너무 한정된 주제의 수준이 높지 않은 책들만 읽고 있는 건 아닐까"라며 위축되었습니다. 또 다른 압박을 받은 것입니다.

그때 지난 어린 시절의 경험이 떠올랐습니다. 독서가 의무 과제가 되면서 오히려 책과 멀어지게 되었던 과거의 모습 말이죠. 아차 싶었습니다. 같은 실수를 반복하는 것 같았습니다. 그냥 제 길을 걷기로 했습니다. 남과 비교할 것 없이, 사회적 기준이라는 것에 휘둘릴 필요 없이 제 느낌에 충실하기로 했습니다. 세계적으로 인정받는 명저보다는 당장 호기심을 느끼고 고민에 대한 답변을 해줄 수 있을 듯한 책에 집중하기로 했습니다. 그게 제 독서니까요.

그러자 책이 훨씬 더 부담 없이 다가왔습니다. 의도한 건 아니지만 사람들이 왜 독서를 하는지 자연스럽게 이해하게 되었습니다. 점점 더 책과 친해졌습니다. 책을 읽는 행위 자체에 대한 거부감이 사라지기 시작했습니다. 도서관의 최대 대여 한도만큼 책을 빌려 지하철을 오가는 길에도 책을 읽었습니다. 점점 더 많은 책, 다양한 책들을 읽었습니다. 독서가 재밌어졌습니다. 제 끌림이 있는 대로 책을 읽었기 때문입니다.

독서가 일상이 되기 시작했습니다. 처음에는 아무래도 얇고 가벼운 책부터 시작했습니다. 읽기 편한 책들 위주로 읽게 되었고요. 한참 시간이 지나 그동안 제가 읽은 책의 목록을 살펴봤습니다. 과거에 거부감을 느끼고 수준 높아 보이기만 했던 책들이 어느새 목록 중간 중간에 들어 있었습니다. 추천 도서라 억지로 애써서 읽으려고 한 게 아니라 그냥 본능대로 자연스럽게 읽게 된 것입니다.

만약 처음부터, 그런 책들에 관심도 없으면서 권위자들이 인정한 책이라고 덜컥 읽었다면 어땠을까요. 금세 질려버렸을 겁니다. 문제는 그 책뿐만 아니라 독서 자체에 대한 흥미를 잃을 수도 있었다는 것이죠. 독서는 곧 지루하고 어려운 활동이라는 고정 관념이 생겨버리기 때문입니다. "역시 나는 책과 거리가 멀어"라는 강력한 인식까지 박혀 버릴 수 있고요. 반면 내면의 호기심에서 시작되는 독서를 했고, 그랬기에 책을 읽는 행위가 친숙한 습관으로 발전할 수 있었습니다. 습관이 되니 어느새 지금처럼 독서가 그냥 생활의 일부로 자리 잡을 수 있었고요.

책을 선택하기 전에 우선 자기 자신부터 돌아보셨으면 합니다. 지금 무슨 고민을 갖고 있는지, 정말 궁금한 것은 무엇인지, 내가 무엇에 호기심을 느끼는지 알아보셨으면 좋겠습니다. 다른 사람들이 일방적으로 정해놓은 책, 외부의 권위자가 지정한 책이 아니라 그냥 내 호기심에 이끌리는 책으로 독서를 시작하셨으면 좋겠습니다. 그래야 책이 친숙해지고 독서가 일상이 되는 기회가 열립니다.

자신의 의사를 상대방이 이해하기 쉽게 잘 전달하는 사람들을 보면 한 가지 특징이 있습니다. 어휘의 화려함이나 거침없는 표현력이 아닙니다. 말 또는 글의 논리적 구조입니다. 아무리 고급스러운 단어를 쓰고 막힘없이 말하더라도 이야기의 구조가 무너지면 그 내용을 이해하기 어렵습니다. 사람이 받아들이고 이해하는 건 이야기를 구성하는 단어 하나하나가 아니라 이야기 전체의 맥락이거든요. 그 맥락은 구조에서 나오며, 구조가 논리적일 때 전달이 잘됩니다. 여기서 '얼마나 논리적이냐'는 '이야기를 받아들이는 사람의 사고 흐름과 얼마나 잘 어울리느냐'에 달려있습니다. 이야기를 하는 사람이 의식의 흐름대로 나열하는 데 있는 게 아니고요.

일을 하며 논리적 사고와 표현의 중요성을 깨닫게 되었습니다.

일이라는 건 결국 사람과 사람의 연결을 통해 이어집니다. 그 연결이 원활해지는 건 얼마나 커뮤니케이션을 잘하느냐에 달려있고요. 의사소통을 잘하기 위해 어휘를 늘리고 말하는 기술을 익히는 것도 중요하지만, 그 이면에 담긴 논리적 구조를 세우는 일이 먼저 필요했습니다. 아무리 멋진 표현을 써도 논리가 부족하면 결국 "좋은 말인 것 같은데, 도대체 무슨 말인지 모르겠다"는 답변이 나오거든요. 일단 논리부터 배워야 했습니다.

그때 저를 도와준 책이 한 권 있습니다. 바바라 민토의 『논리의 기술』입니다. 바바로 민토는 세계적인 전략 컨설팅 회사, 맥킨지 최초의 여성 컨설턴트입니다. 그는 문서 작성 능력을 인정받아 유럽 각국의 컨설턴트를 대상으로 보고서를 작성하는 방법을 가르치는 책임자가 되었습니다. 각종 교육을 통해 단순히 표현법이나 문체를 넘어 논리적인 구조부터 제대로 세워야 한다는 걸 컨설턴트들에게 가르쳤습니다. 전 세계 어딜 내놔도 논리만큼은 뒤지지 않을 전문가들에게 말이죠. 바바라 민토가 컨설턴트들에게 가르친 논리적 구조를 '피라미드 구조'라 부릅니다. 이를 중심으로 독자들에게 논리적 사고와 표현을 알려주는 책이 『논리의 기술』이고요. 이 책은 이후 맥킨지 신입사원들의 지침서이자 필독서로 자리 잡게 되었습니다.

기대와 함께 책을 펼쳤습니다. 내용이 어려웠습니다. 생각할 거리가 너무 많았거든요. 읽는 데서 그치는 게 아니라 실제로 생각하고 표현하는 연습도 해야 됐고요. 그럼에도 재미있었습니다. 도움도 많이 받았습니다. 대학생 시절 공모전에 도전할 때도, 입사를 위해 자기소개서를 작성할 때도, 회사에 들어와 각종 보고서를 제출할 때도, 퇴사 후 사업계획서를 만들 때도 『논리의 기술』이 큰 힘이 되었습니다. 읽을 때마다 새롭게 배웠고, 생각할 때마다 깨닫는 게 있었습니다. 아끼는 책 중에 하나입니다. 심지어 군 복무 시절, 휴가를 마치고 복귀할 때 부대 안에까지 들고 갔습니다. 소장하고 있는 책 안쪽 어딘가에 위장 크림이 살짝 묻어 있는 이유입니다.

그런데 논리에 대한 저의 첫 책이 『논리의 기술』은 아니었습니다. 만약 제가 처음부터 이 책을 읽었다면 몇 장 읽다가 바로 포기하고 끝내 읽지 않았을 겁니다. 생각도 많이 해야 되고 어려웠거든요. 논리, 생각만 해도 어려운 주제 아닙니까. 그럼에도 끝까지 읽을 수 있었던 건, 이에 앞서 책을 읽으며 논리적으로 사고하는 연습을 시켜준 또 다른 책이 있었기 때문입니다. 위기철 작가의 『논리야 놀자』 시리즈입니다. 『반갑다 논리야』, 『논리야 놀자』, 『고맙다 논리야』 총 3권으로 구성되어 있는 책입니다. 1990년대에 나온 어린이를 위한 이야기 논리 학습서입니다. 그림이 섞인

이야기를 통해 쉽고 재미있게 전달합니다. 당시 베스트셀러였죠.

사실 이 책을 『논리의 기술』처럼 커다란 목적을 가지고 읽기 시작한 건 아니었습니다. 책을 펼친 이유는 지극히 보잘 것 없었습니다. 어린시절 누나와 말싸움을 할 때 이기고 싶어서였습니다. 아무리 노력해도 소위 말하는 말빨로는 도저히 이길 수가 없는 겁니다. 답답했죠. 저의 부족한 언어 구사력을 인정할 수밖에 없었습니다. 가능성이 보이지 않았습니다. 이대로는 항상 패자가 될 게 뻔했습니다.

대책이 필요했습니다. 고심 끝에 생각해 낸 아이디어가 "말로는 안되니 논리로 이기자"였습니다. 언어 구사력과 말하는 기술은 부족해도, 논리적 타당성에서 앞서면 누나의 말문을 막히게 할 수 있을 거라 기대했습니다. 바바라 민토가 『논리의 기술』에서 말하는 내용을 빗대자면, 주장을 할 때 '문체'에 앞서 '구조'부터 세우는 것이죠.

지금 생각해도 상당히 합리적인 접근이었습니다. 이 정도 생각을 해낸 걸 보면 어린 마음에 정말 싸움에서 이기고 싶었나봅니다. 순수하지만 불순한 의도로 『논리야 놀자』 시리즈를 펼쳤습니다. 이야기는 재밌었지만 사실 그 안에 담긴 내용을 전부 이해하지는 못했습니다. 연역법, 귀납법, 추리, 논리적 오류… 모두 낯선 개념들이었습니다. 대신 책을 읽으며 은연중에 사고하는 연습을 하게 되었습니다. 이를 바탕으로 누나와 말싸움을 하게 되었을 상황을 상상하며 어떤 말이 나왔을 때 어떻게 대처할지 각종 시나리오를 그릴 수 있었고요.

그래서 결국 말싸움을 이겼을까요. 한참을 지나서야 깨달았습니다. 애초에 이길 수 없는 싸움이었다는 걸 말이죠. 그리고 논리적으로 싸워서 이기는 게 중요한 게 아니라 애초에 안 싸우는 게 중요하다는 것을요. 그러고 보니 당시에는 논리에 대한 탐구가 빛을 발하지 못했네요. 대신 논리라는 개념에 대해 친숙해지는 계기를 얻었습니다. 책을 읽으며 사고하는 연습도 했고요. 아, 여담이지만 다행이도 철이 일찍 든 누나의 배려 덕분에 사춘기 시절부터는 단 한 번도 싸운 적이 없습니다. 차가운 논리를 앞서는 건 따뜻한 마음인가 봅니다.

"어떻게 하면 누나와의 말싸움에서 이길 수 있을까?"라는 어린 아이의 보잘 것 없는 물음이 논리에 대한 책을 펼치게 했습니다. 지금 생각하면 참 어리석은 동기입니다. 하지만 그 덕에 평소 읽지 않았던 분야의 책을 찾게 되었고 논리적 사고를 연습할 수 있었습니다. 어른이 되어서도 논리에 대한 바이블 같은 책을 읽으며 수많은 어려움에 봉착하면서도 마지막 장까지 완주할 수 있는 독서 체력도 길렀고요. 그렇게 책으로부터 얻은 아이디어를 통해 일을 하면서도 큰 도움을 받을 수 있었습니다.

어떤 일에서든 모든 시작은 사소하고 보잘 것 없습니다. 세계 최대 소셜 네트워크 서비스인 페이스북은 세상을 연결하고 서로를 더 가깝게 만들겠다는 비전을 그리고 있습니다. 하지만 페이스북의 전신인 '더 페이스북'은 기숙사 사생끼리 네트워크를 쌓는 용도로 시작했습니다. 그게 인근 대학교까지 퍼지다가 지금처럼 전 세계를 대상으로 하는 서비스로 발전한 것이죠. 지금의 내 사소한 고민, 욕구, 끌림을 무시하지 말았으면 합니다. 향후 커다란 열매를 맺을 씨앗일 수 있으니까요.

Chapter 2

강박 독서 내려놓기

저만 독서가 힘든가요?

일상의 감각부터 깨우세요

사람이 무언가를 배우고 익히는 과정은 관심에서 시작합니다. 관심은 가벼운 시도를 불러옵니다. 시도에서 끝나는 경우도 있지만 시도해서 얻은 체험으로 인해 흥미가 깊어지기도 합니다. 흥미로운 일이라면 반복하게 되고 점차 익숙해집니다. 익숙함이 깊어지면 능숙해지고 능숙해지면 여유가 생깁니다. 여유가 생기면 보지 못했던 것들이 보이고 깊이가 생깁니다. 궁극적으로 자기만의 방식을 만들 수 있게 되고요. 심화 단계에 이르는 것입니다.

안타깝게도 많은 사람이 자기 관심조차 무엇인지 모릅니다. 스스로 끌림을 느끼는 감각 자체가 무뎌져 있습니다. 무언가에 끌리더라도 억제하고 회피하며 그런 모습을 자기합리화 하는 데 익숙하기 때문입니다. 끌림은 자연스러우면서도 강한 기운입니다. 끌림을 따를 때 관심이 증폭됩니다. 관심이 있어야 배움이 시작되고, 배움 끝에 자기만의 방식이 탄생합니다. 이 과정이 없으니 기존의 방식에 이끌려가기 쉽습니다. 주어진 틀 안에서 과거를 답습하는 게 편하니까요.

하지만 내면 깊은 곳에서는 이미 알고 있습니다. 이런 삶에 스스로 만족하지 못한다는 걸, 나다운 삶이 아니라는 걸 말이죠. 그렇게 불만과 아쉬움이 쌓여가지만 나중에는 그 감각을 직시할 여력조차 없어집니다. 무뎌진 감각에 익숙해지거든요. 결국 계속해서 내면의 끌림을 보류합니다. 그러다 인생의 마지막이 되었을 때, 모든 걸 놓아버리고 삶을 객관적으로 바라볼 때가 되어서야 알아차릴 수도 있습니다. 이번 삶은 내가 원하는 삶이 아니었다고 말이죠.

책은 도구입니다. 도구를 활용하는 주체는 당신이라는 존재 그 자체입니다. 아무리 좋은 도구가 있더라도 그것을 활용할 존재가 무너지면 아무런 의미가 없습니다. 도구는 제 힘을 발휘하지 못합니다. 독서도 이와 같습니다. 책이 아무리 위대한 지혜의 유산이고 독서가 아무리 최고의 학습법인들, 사람이 책에 관심이 없고 독서에 아무런 끌림도 느끼지 못한다면 무슨 의미가 있겠습니까. 끌림을 느끼는 감각 자체가 무너져 있는 사람은 책을 언제나 억지로 애써야 하는 존재로 받아들일 수밖에 없습니다. 이건 책뿐만 아니라 어떤 도구인들 마찬가지입니다.

먼저 자신의 끌림을 깨우세요. 일상에서 호기심을 가지세요. 물리학자 알버트 아인슈타인은 "나를 만든 건 특별한 재능이 아닙니다"라고 말했습니다. 대신 이렇게 덧붙였습니다. "열렬한 호기심이 있을 뿐입니다." 지능에 앞서 깨어있는 호기심을 가지는 게 먼저입니다. 항상 감각의 스위치를 켜두세요. 일상에서 감동을 느낄 수 있는 사람이 책에서도 감명 받고, 일상에서 교훈을 얻을 수 있는 사람이 책에서도 교훈을 발견합니다. 당장 독서 습관을 갖는 것보다 이게 우선입니다. 우리는 결국 일상을 살고 있지 책 속에서 살고 있는 게 아니니까요.

제가 좋아하는 음료수가 있습니다. 진저에일giner ale입니다. 거리가 먼 해외로 가느라 장시간 비행을 견뎌야 했던 적이 있습니다. 저는 평소 술을 즐겨 마시지 않습니다. 다만 약간의 취기를 빌려 잠을 청한다면 지루한 비행시간을 버티는 데 도움이 될 것 같았습니다. 그때 안내판에서 처음으로 본 음료가 진저에일이었습니다. 술의 한 종류라 생각했습니다. 일단 자주 듣던 청량음료도 아니었고, 무엇보다도 '에일'이라는 단어가 붙어 있었으니까요. 맥주는 발효 방식에 따라 에일과 라거로 나뉩니다. 그렇다면 진저에일은 도수는 맥주처럼 낮고 부드러운 술이지 않을까 생각했던 겁니다. 참고로 진저에일을 진저비어giner beer라고도 부릅니다.

그런데 한 모금 마셔보니 술 맛은 하나도 안나고 쌉싸름하면서도 달콤한 게 맛있더군요. 실제로 알코올이 한 방울도 없는 음료였습니다. 궁금했습니다. 생전 처음 마셔보는 이 황홀한 음료의 맛이 어디에서 나오는 건지 말이죠. 진저에일의 제조법을 알아보다 결국 핵심 원료인 생강, 진저ginger로 관심이 옮겨갔습니다. 진저에일을 다른 청량음료와 다르게 만드는 핵심은 결국 생강 특유의 맛에 있었으니까요. 연휴 기간, 부모님 집에 내려가니 마침 생강에 대한 책이 있었습니다. 평소라면 읽지 않았을 테지만 진저에일이 저와 생강을 이어주지 않았습니까. 궁금한 마음에 연휴 기간 내내 책을 읽었습니다.

한의학, 한약을 공부한 저자가 쓴 책이었습니다. 그는 진찰을 받으러 온 환자들 대부분이 36.8도 정상 체온보다 낮은 35도 대의 체온을 갖고 있다는 점을 발견했습니다. 실제로 체온이 1도 떨어지면 신진대사율이 약 12%, 면역력은 약 30% 저하된다고 합니다. 환자들의 질병과 낮은 온도가 연관이 있음을 직관적으로 알게 되었습니다. 여러 사례를 보며 그는 질병과 증상의 근원이 냉증이라고 판단했습니다.

그렇다면 어떻게 이 문제를 해결할까. 관련 문헌을 조사하고 연구해보니 몸을 따뜻하게 하는 한약 대부분에는 생강이 들어있다는 걸 알게 되었습니다. 동양의 선조들은 감기에 걸리거나 몸이 냉해지면 생강을 고아서 마셨습니다. 심지어 16세기 영국의 헨리 8세는 페스트를 예방할 대책으로 국민에게 생강을 먹으라고 장려했다고 합니다. 생강이 페스트를 예방하고 치료하는 약품은 아니겠지만, 그만큼 생강이 건강을 지켜주는 음식이라고 생각했던 것입니다. 저자는 직접 효능을 테스트하고, 방송에서 실험하기도 했습니다. 결국 생강의 힘에 대한 확신을 얻게 되었고 책까지 집필한 것입니다.

책에서 그는 생강의 효능을 높이는 섭취법을 알려줍니다. 생강과 홍차와 흑설탕을 조합한 생강홍차를 만들어 먹는 겁니다. 맛도 좋고 만들기도 쉽습니다. 서로 궁합이 좋고 체온을 상승시키며 몸을 활성화시키는 데 도움이 됩니다. 실제로 만들어서 마셔보니 확실히 차가운 몸이 따뜻해지는 것을 느낄 수 있었습니다. 생강을 일일이 다듬기 귀찮을 땐 마트에서 다진 생강을 구매해 생강청을 만들었습니다. 홍차는 그냥 시중에 파는 티백을 이용했습니다. 그럼에도 카페에서 구매하는 여느 차 못지않게 만족스러웠습니다.

이 모든 건 비행기에서 마신 한 잔의 진저비어에서 시작되었습니다. 진저비어를 맛있게 마신 경험이 생강으로 연결되었고, 생강이 생강홍차라는 새로운 건강음료로 탄생해 체온과 건강의 연관성으로까지 확장되었습니다. 무심코 넘어갔다면 이런 재미난 일들이 일어나지 않았을 겁니다.

어느 명상 모임에 참여했을 때입니다. 주최자가 참가자들에게 포도 한 알씩 나눠줬습니다. 한 송이도 아니고 단 한 알을 말이죠. 이걸 가지고 수십 분간 보고 듣고 맡고 입 안에서 굴리고 씹고 삼켰습니다. 지루한 과정이었습니다. 평소라면 1초 만에 식도를 넘겼을 텐데 말이죠. 가만히 살펴보니 포도 한 알이 마치 행성처럼 보였습니다. 작은 한 알에도 나름의 무늬와 굴곡, 명암이 있더군요. 질감의 차이도 있었고요. 입 안에서와 목을 넘길 때, 시간에 따라 맛도 달라졌습니다. 지금껏 무심코 지나쳤지만, 포도 한 알은 저에게 수많은 감각을 선사하고 있었습니다. 그렇게 포도 한 알을 느껴보니 괜히 와인도 한 잔 마셔보고 싶은 생각이 들었습니다. 그 전에 생각 없이 마시던 것과는 다를 것만 같았거든요.

감각의 스위치를 켜기 위해서는 잠시 속도를 늦출 수 있어야 합니다. 워낙 빠르게 살아가는 탓에 무언가를 느낄 여력이 없으니까요. 딱 하루 15분만 속도를 늦춰보세요. 주위를 둘러싸고 있는 일상의 사소한 것들을 느껴보세요. 몸을 감싸고 있는 이불의 촉감, 배를 채우기 위해 의례적으로 먹고 있던 아침 식사의 풍미, 매일 지나가는 출근길의 풍경, 따뜻한 커피 한 잔의 향…. 때로는 아무것도 하지 말고 그저 내 생각과 감정을 바라보세요. 점차 안 보이던 것들이 보이고 당연한 것들이 당연하지 않게 될 겁니다. 조금씩 일상에 호기심이 생기고 새로운 끌림과도 마주하게 되고요. 그때 한 권의 책을 선택해보세요. 내 관심, 욕구와 연결되는 책을 찾아보세요. 그렇게 시작한 독서는 더 이상 숙제가 아닙니다. 독서가 재밌을 수 있다는 걸 몸으로 느낄 수 있게 됩니다.

목욕재계하고 독서할 거 아니잖아요

독서가 중요하다는 사실에 반대 의견을 내는 사람이 얼마나 있을까요. 없다고 봐도 무방할 정도입니다. 하지만 이렇게 독서의 중요성을 이야기하는 반복된 외침이 우려될 때가 있습니다. 종종 독서라는 행위를 너무 숭고하게 표현하기 때문입니다.

숭고하다는 건 '뜻이 높다', '고상하다'는 겁니다. 책에는 분명 수많은 사람들의 지식과 지혜와 이야기가 담겨 있습니다. 독서는 이를 비교적 손쉽게 받아들일 수 있는 효과적인 수단입니다. 남들보다 더 많은 가치를 창출해낼 수 있는 의미있는 도구입니다. 숭고하다면 숭고할 수 있는 행위겠죠. 다만 어떤 일이든 너무 대단하고 위대하며 고상한 것으로 표현해버릴 경우, 일반 사람들은 범접할 수 없는 대상으로 인식할 수 있습니다. 그러면 책을 연중행사로 읽게 됩니다. 부작용이죠. 반복해서 중요하다고 외쳐대니 선뜻 건드리기 어렵게 느껴지는 것입니다.

유명한 명사들이 그토록 책과 독서를 강조하는 데는 분명 이유가 있습니다. 독서를 통해 선조들의 지혜를 배울 수 있는 건 사실입니다. 그렇다고 독서가 목욕재계라도 하고 영접해야 할 귀인의 말씀을 듣는 것처럼 부담스러운 행위가 되어서는 안 됩니다. 책을 통해 수많은 사람들이 장기간 연구하고 조사한 내용을 손쉽게 받아들일 수는 있습니다. 그렇다고 책이 보안 절차를 거쳐 암호를 입력한 후 살펴보듯 조심스럽게 다뤄져서는 안 됩니다. 그저 가볍게 손을 뻗어 책 한 권을 펼치고 저자의 이야기를 읽고 자기 나름대로 생각해보는 행위, 그게 전부입니다. 독서를 하는 데 특별한 통과의례나 뛰어난 학식이 필요한 것도 아닙니다. 그냥 평범한 사람들도 책 한 권 펼치면 되는 그런 행위일 뿐입니다. 그냥 밥 먹듯이, 잠자듯이 할 수 있는 자연스러운 행위입니다. 자발적이고 자연스러운 게 제일 오래갑니다. 그러니 그냥 막 읽어도 됩니다.

스스로 독서의 중요성을 너무 높이지 마세요. 사람의 심리에는 너무 중요하게 여기는 일은 오히려 피하려고 하는 메커니즘이 있습니다. 너무 중요하다는 건 그 일의 결과로 인해 내 삶이 받게 될 변화가 크다는 뜻입니다. 그만큼 그 일을 다루기에 조심스러워집니다. 큰 변화가 생긴다는 건 몸과 마음에게는 그다지 달가운 일이 아니거든요. 우리 몸과 마음의 입장을 좀 더 살펴볼까요. 그동안 행복했던 아니던 상관없이, 어쨌든 기존의 방식으로 지금까지 생존은 해오지 않았습니까. 그런데 내가 변화를 주려고 합니다. 당연히 성장과 발전이라는 긍정적인 의도를 가지고서죠.

하지만 그 변화가 어떤 결과를 가져올지는 누구도 보장할 수 없습니다. 몸과 마음의 입장에서 변화는 곧 삶에 위험이 발생할 수 있다는 신호로 여겨집니다. 생존을 위협하는 행위로 간주하게 되죠. 변화의 폭이 크고 중요도가 높을수록 당연히 심리적 장벽도 높아집니다. 함부로 다룰 수가 없으니까요. 그만큼 거리감이 생기는 게 당연합니다. 게다가 너무 중요한 일이라면 "이걸 내가 잘못하면 어떡하지"라며 부담감을 느끼는 게 사람의 심리입니다. 그런 부담감이 클수록 창의력도 나오기 어렵고요.

너무 어렵게 생각하지 마세요. 억지로 하던 공부처럼 생각하지 마세요. 재미없지 않습니까. 재미가 없는 일은 지속하기 어렵습니다. 업무처럼 여기지도 마세요. 부담되지 않습니까. 부담되는 일은 시작하기 어렵습니다. 그냥 매일같이 자신에게 맞는 옷을 갈아입듯이, 맛있는 음식을 찾아 먹듯이 그렇게 일상으로 받아들이면 됩니다.

제가 책을 막 읽으라고 권해드리면, 책은 깨끗하게 읽어야 되고

막 읽을 수 없다고 말하는 분들이 계십니다. 깨끗하게 읽는 방식이 자신의 선택이면 상관없습니다. 본인이 본인의 책을 깨끗하게 읽겠다는데 무슨 문제가 있겠습니까. 다만 '책을 깨끗하게 읽어야만 한다'는 강박 관념으로 스스로 힘들어 하고 있다면 그건 주객이 전도된 겁니다. 독자가 읽기 위해 책이 있는 거지 책을 관리하기 위해 독자가 있는 건 아니잖아요.

혹시 책이 더러워질까봐 독서 자체가 신경 쓰이고 어렵나요. 책에 휘둘리고 있는 건 아닐까 스스로에게 질문을 던져보세요. 여러분이 책의 주인인지 책이 여러분의 주인인지 따져보세요. 안 그래도 신경 쓸 일 많은 세상, 자신을 구속하는 족쇄를 조금은 내려놔도 괜찮습니다. 책은 숭고하지 않습니다. 만만합니다. 그러니 그냥 편하게 읽으세요. 좀 더러워지면 어떻습니까. 모든 물건이 사용하다보면 낡고 해지지 않습니까. 더러워지는 게 당연한 겁니다. 소중하게 다루고 아끼는 건 좋지만 그 정도가 지나쳐 독서에 방해가 되어서는 안 됩니다.

필요하다면 책에 줄도 긋고 메모도 하세요. 색칠도 하고 그림도 그리세요. 종이 모서리도 마음껏 접으세요. 억지로 그럴 필요는 없습니다. 다만 끄적임이 필요하면서도 책을 깨끗하게 읽어야 한다는 고정관념에 그러지 못하고, 스스로 만든 제약으로 힘들어

하고 있다면 그건 내려놔야 하지 않을까요. 독서를 자유롭게 하세요. 마음껏 읽고 메모도 하며 책과 어우러지세요. 여러분이 책의 주인이고 여러분을 위해 책이 있는 거니까요. 마음껏 읽고 깨끗한 책을 소장하고 싶다면 까짓 것 새 책 한 권 더 사면 됩니다.

책을 막 읽으라는 건 단순히 책이라는 물질을 다루는 방식만을 이야기하는 게 아닙니다. 독서의 모든 것이 해당됩니다. 책을 더럽게 읽어도 괜찮은 것처럼 순서에 상관없이 아무렇게 읽어도 괜찮습니다. 글자에는 분명 순서가 있지만 책까지 꼭 반드시 지켜야 할 순서가 있다고는 말할 수 없거든요. 물론 책의 저자와 편집자는 전체 흐름을 고려해 내용을 구성합니다. 아무래도 책이 시작되는 프롤로그부터 마지막 에필로그까지 순서대로 읽는 게 저자가 의도하는 흐름을 파악하기 쉬울 겁니다.

하지만 꼭 그렇게 읽어야만 하는 건 아닙니다. 중간부터 읽어도, 발췌해서 읽어도 전혀 문제가 되지 않는 책들도 수두룩합니다. 목차를 보고 특정 부분에서 끌림을 느꼈다면 그냥 그 부분부터 읽어보세요. 읽다가 이해가 안되면 그 부분 전후로 다시 돌아가면 됩니다. 아니면 그때서야 다시 처음부터 읽어도 되고요. 끌림이 있는 부분부터 읽어 내 호기심에 불이 붙는다면 독서가 훨씬 즐거워집니다.

전부 다 읽을 필요도 없습니다. 완독이 의무는 아니잖아요. TV 프로그램도 보다가 재미가 없으면 채널을 돌리지 않습니까. 음식을 먹을 때도 배가 다 찼거나 맛이 없으면 수저를 내려놓고요. 그런데 왜 독서는 도중에 중단해서는 안 되는 건가요. 그런 법은 없습니다. 도저히 읽기 힘들면 그냥 내려놓으세요. 또 학교 숙제처럼 의무감에 가득 찬 채로 책을 읽으려고 하지 마세요. 그러다가 괜히 독서 자체에 대한 거부감만 늘어납니다.

살다보면 한 번은 읽기 부담되는 책도 꾹 참고 읽어가면서 지력을 높이게 되는 시점이 있습니다. 다 성장을 위한 과정이겠죠. 다만 이에 앞서 책에 익숙해지고 습관을 만드는 게 더 중요합니다. 그러려면 재밌어야 합니다. 일단 재밌고 익숙한 다음에야 난이도를 높일 마음이 생기는 게 사람입니다. 처음부터 너무 무리하지 마세요.

간혹, 기껏 사놓고 읽지 못한 책들을 보며 심리적 부채감과 죄의식을 느끼는 사람들이 있습니다. 그러지 마세요. 책을 처리하지 못한 미해결 과제로 받아들이지 않았으면 좋겠습니다. 대신 이렇게 바라보면 어떨까요. 뜯어보지 않은 선물 박스로 말이죠. 더 큰 재미를 위해 잠시 개봉하지 않았을 뿐입니다.

책 한 권을 다 읽고 전체 내용을 이해할 수 있어야만 독서인 건 아닙니다. 책에서 딱 한 문장만 남겨도 여러분은 엄청난 이득을 본 겁니다. 단 한 줄의 문장이 하나의 신념이 될 수 있고, 그 하나의 신념은 한 사람의 인생을 바꿀 수도 있습니다. 1~2만 원으로 삶에 큰 변화를 얻는다면 그건 엄청난 일이자 기적이지 않겠습니까. 그러니 책 한 권을 모조리 씹어 먹겠다는 생각 전에 읽으면서 한 문장이라도 건져보겠다는 마음부터 가지세요. 일단 문장부터 소화해야 전체를 씹어 먹을 힘이 생깁니다.

동시에 여러 권 읽어도 상관없어요

한 번에 꼭 한 권씩만 읽어야 하는 것도 아닙니다. 여러 권의 책을 동시에 읽어도 괜찮습니다. 혹시 하나의 일을 잡으면 진득하게 자리를 잡고 끝내는 게 좋다고 배워왔나요. 물론 맞는 말입니다. 이것저것 손만 벌리다가 마무리가 안되는 사람보다는, 자신이 손댄 일은 확실하게 끝낸 뒤 다른 일에 전념하는 사람에게 믿음이 가기 마련이니까요. 한 번에 한 가지 일을 하는 게 효율적이기도 합니다. 괜히 여러 가지에 손을 대다 보면 집중력도 분산되고 뒷마무리가 깔끔하지 못할 때가 많으니까요.

다만 독서에서는 조금 다르게 해석해볼 수 있습니다. 한 권의 책을 읽기 시작했다고 반드시 그 책을 마무리한 뒤 다음 책을 읽어야만 하는 이유는 없습니다. 한 권의 책을 읽으며 이와 유사하거나 상반된 다른 책도 충분히 읽을 수 있습니다. 그게 오히려 독서 효과를 높여주기도 합니다. 저 역시 많게는 동시에 4~5권의 책을 번갈아가며 읽을 때가 있습니다. 그 이유는 무엇일까요.

우선 집중력의 문제입니다. 사람이 집중력을 유지할 수 있는 시간은 생각만큼 길지 않습니다. 일반적으로 성인이 한 가지 일에 집중력을 유지할 수 있는 시간이 15분을 넘지 못한다는 이야기도 있습니다. 학교 수업 시간을 생각해보셔도 좋습니다. 연령에 따라 한 교시에 45분, 50분, 90분 등이 배정되지만 처음부터 끝까지 온전히 집중하는 사람은 그리 많지 않습니다. 금세 딴 생각이 떠오르고 딴짓을 하게 되죠.

사람의 평균적인 집중력을 감안했을 때, 책 한 권에 오랜 시간을 집중하는 건 상당히 어려운 일입니다. 게다가 책의 내용이 어렵고, 자신이 그 분야에 대한 배경지식이 부족할수록 집중력은 더욱 떨어지게 되죠. 이럴 때 억지로 책을 붙잡고 있으면 어떤 일이 발생할까요. 독서에 흥미를 잃고 졸음과 싸워야 합니다. 차라리 잠시 읽던 책을 내려두고 다른 책으로 바꿔 주의를 환기하는 게 낫습니다. 떨어졌던 집중력을 다시 올려서 독서를 지속할 수 있게 되거든요.

관점의 영향도 있습니다. 때로는 한 가지 주제에 관한 다양한 책을 동시에 보기도 합니다. 이는 저자가 주장하는 하나의 주장과 관점에만 빠지는 것을 방지하기 위해서입니다. 여러 가지 책을 읽다보면 같은 주제와 현상도 참 다양하게 해석할 수 있다는 걸 알게 됩니다. 어떤 해석이 옳고 그른지는 차치하고서 말이죠. 이렇게 쌓인 경험은 여러 가지 주장을 다각적으로 이해하는 데 도움이 됩니다. 다양한 주장을 비교 분석하며 공통점과 차이점을 구분하는 재미도 있고요. 사람이 특정 주제나 영역에 대해 처음 배워갈 때는, 제일 먼저 만나게 되는 전문가의 주장과 논리를 곧이곧대로 따라가게 되는 경우가 많습니다. 선입관先入觀이라는 말이 있죠. 한자 그대로 먼저 들어온 관념과 관점을 뜻합니다. 한 가지 관점만 알고 있을 땐 그것이 세상의 전부라고 오해하기 쉽습니다.

머릿속에 들어온 정보가 그것밖에 없으니 어쩔 수 없는 일입니다. 다만 여기서 끝나면 안 됩니다. 충분한 고민 끝에 얻는 자신만의 철학 없이, 계속해서 다른 사람의 의견에 맹목적으로 편승하는 건 위험한 일이거든요. 자기 주관 없이 다른 사람들이 만들어놓은 프레임에 갇혀 사는 삶을 살게 됩니다. 심지어 자신이 어떤 프레임에 갇혀 있는지도 모른 채 말이지요. 여러 가지 책을 동시에 읽으며 다양한 사람들의 이야기도 들어볼 필요가 있습니다. 한 가지 주제, 현상에 대한 다양한 관점을 살펴볼 필요가 있습니다. 신문을 구독할 때 진보와 보수를 대표하는 각각 한 부씩 보라는 것도 같은 이유에서입니다. 한 책에서 놓치는 부분을 다른 책에서 보완하는 것도 좋고요. 그런 훈련이 반복될수록 삶을 주체적으로 살아갈 수 있는 힘이 생깁니다.

상황의 영향도 있습니다. 책을 읽는 독자의 상황도 독서 효과를 결정짓는 중요한 요소입니다. 같은 책이라도 언제, 어디서, 어떤 단계에서 읽느냐에 따라 몰입도와 이해 수준이 달라집니다. 저는 여러 권의 책을 '어떤 상황에서 읽을 책'이란 기준으로 가볍게 나눠놓고 읽곤 합니다. 잠을 자기 전에는 긍정적인 메시지를 담고 있으면서 짤막하게 내용들이 분리되어 있는 책을 선호합니다. 식사 후나 졸리는 시간에는 한 사람의 성공 스토리가 담겨 있어 지루하지 않고 각성 효과가 있는 책, 시간적 여유가 있고 집중력이 좋을 때는 공부를 하듯 깊은 생각을 하며 읽을 정보 위주의 책, 이동 중이나 잠시 대기하는 시간에는 틈틈이 읽을 수 있고 각 단락이 독립적으로 구성된 책을 선호합니다. 각 책의 내용에 따라, 각 상황에 따라 맞춤식 독서 처방을 하는 거죠.

장르에 따라 읽을 수 있는 환경에도 차이가 있습니다. 소설 같은 경우 스토리의 흐름이 중요합니다. 자투리 시간을 이용해 띄엄띄엄 읽다 보면 흐름을 놓치기 쉽습니다. 어느새 전후 관계를 잃어 내가 무슨 내용을 읽고 있었는지 잊어버리게 됩니다. 줄거리의 흐름이 중요한 소설이나 머릿속에서 정보를 편집하고 고도의 생각이 필요한 책, 공부하듯 읽어야 하는 책은 연속적으로 긴 시간이 확보되었을 때 읽는 편입니다. 대신 한 챕터 혹은 단락마다 독립적인 글은 자투리 시간에 읽어도 무방합니다. 머리도 식힐 겸 가볍게 휴식을 취할 때는 에세이나 가벼운 자기계발서가 유용합니다. 상황에 맞게 다양한 책을 활용한다면 집중력과 몰입도를 높이면서 마음껏 책도 즐기고 독서 효과도 높일 수 있습니다.

동시에 여러 권의 책을 읽는다고 자신이 산만하고 집중력이 없는 게 아닙니다. 설령 집중력이 부족하다고 해서 자책할 필요가 없습니다. 단지 현재 독서에 익숙하지 않을 뿐입니다. 독서에 대한 연습이 부족했을 뿐입니다. 연습하다보면 집중력은 높아집니다. 잘못된 독서를 하는 것도 아닙니다. 자신의 성향과 수준, 현재 처한 상황과 책의 내용에 맞게 읽으면 됩니다.

책장도 다이어트가 필요합니다

역마살이라도 있었을까요. 학생 시절부터 이사를 많이 했습니다. 그때마다 제일 손이 많이 가는 게 책이었습니다. 이사할 생각을 하게 되면 제일 먼저 떠오르는 작업이 책을 포장하고 옮기는 일이었습니다. 양도 많거니와 무게는 또 얼마나 나가던지…. 이사의 50%는 책을 꺼내고 묶고 옮기고 다시 풀어서 정리하는 일이었습니다. 그만큼 제 짐에서 책의 비중이 상당히 높았습니다.

처음에는 읽든 안 읽든 쌓여가는 책을 보며 마음이 뿌듯했고, 마치 부자라도 된 것 같은 느낌이 들었거든요. 그런데 매번 그렇게 책을 옮기다보니 한 가지 의문이 들었습니다. '나는 진정 읽기 위해 책을 소장하고 있는가?', '이렇게 가지고 다니는 책들을 읽고는 있는가?' 책이 제게 값진 재산인 건 분명했습니다. 곰곰이 생각해보니 막상 이사할 때 말고는 손을 댄 적이 없는 책들이 많았습니다. 책장에서 꺼내 다시 펼쳐 보는 책은 대부분 정해져 있었습니다. 80%의 책은 그냥 '언젠가는 읽을 날이 있겠지'라는 생각으로 막연하게 가지고 있었을 뿐이었습니다. 어떤 책은 근 10년을 보관만 하고 있었더군요. 한 번씩 '그냥 처분할까'라고 생각한 적이 있었습니다. 이내 곧 생각을 접어두고는 했죠. 사라지는 순간 그 책을 통해 얻을 수 있는 지식과 정보, 지혜를 놓치는 게 아닐까 아쉬웠거든요.

일을 마치고 집에 돌아온 어느 날, 좁은 집 여기저기를 가득 채운 책을 보며 그동안 억지로 외면하고 있던 불편함과 마주하게 되었습니다. 집 안 가득한 책들이 뿌듯하면서도, 한편으로는 오히려 답답함을 느끼고 있었습니다. 저의 휴식을 위해 집이 있는 게 아니라 책의 보관을 위해 집이 있는 게 아닐까라는 생각조차 들었습니다. 막상 다시 꺼내 읽게 되는 건 20%일 뿐입니다. 그저 소장하겠다는 욕심으로, 버리기 아깝다는 아쉬움으로 많은 공간을 책으로 채워놓은 게 아니었을까 하는 생각이 들었습니다. 그렇게 공간을 가득 채운 만큼 제 몸과 마음의 여유는 줄어들어 있었습니다. 이대로는 안 되겠다 싶었습니다. 신체에도 다이어트가 필요하듯 책장과 공간에도 다이어트가 필요했습니다.

갖고 있던 책들을 모조리 다 꺼냈습니다. 바닥에 널브러진 책들을 하나씩 분류했습니다. 소장하면서 '다시 읽을 책'과 '아닌 책'으로 말이죠. 처음에는 분류가 무색할 만큼 '아닌 책'이 거의 없었습니다. 갖고 있으면 언젠가 한 번쯤은 다시 읽을 것 같았거든요. 버렸다가 다시 찾게 되면 어떡하나 걱정이 됐습니다. 이렇게 따지다 보니 어느 하나 마음 편히 내놓을 수 있는 책이 없었습니다.

제 마음을 솔직하게 다시 살폈습니다. 스스로 책을 소장하고 있는 이유에 대해서도 다시 질문했습니다. 결국 읽기 위해 갖고 있는 건데, 굳이 읽지도 않으면서 계속 안고만 있으려는 건 괜한 욕심이라는 판단이 섰습니다. 인테리어용이 될 수도 있겠지만 그 목적은 지금의 반의 반만 있어도 충분히 달성할 수 있었습니다. 그럴 바에는 이 책을 더욱 필요로 하는 사람과 장소로 보내는 게 가치 있는 일이라는 생각이 들었습니다.

처분했다가 나중에 다시 찾게 되면 어떡할까 하는 고민도 내려놓았습니다. 지금까지의 제 독서 생활을 돌아보니 처분했다가 다시 찾게 되는 책은 그리 많지 않았습니다. 1% 정도 될까요. 필요한 부분은 따로 메모를 해두면 됩니다. 전체 내용이 아니라 일부만 필요한 경우가 대부분이거든요. 본문 전체 내용을 다시 찾아봐야만 한다면 도서관에서 빌리거나 또 사면 됩니다. 1%의 만약을 위해 공간이 소화하지 못하는 책들을 계속 안고만 있을 필요는 없습니다.

소유하던 책들을 세상에 놓아주는 방법에는 여러 가지가 있었습니다. 책의 양이 많을 경우 중고서점에 팔기도 했습니다. 기대만큼 높은 가격을 쳐주지는 않습니다. 새 책이고 깨끗해도 중고가 되는 순간 가격이 많이 낮아집니다. 그래도 책의 양이 많다보니 은근히 쏠쏠한 용돈이 생겼습니다. 그 돈으로 관심 있던 교육에 참가하기도 했고 새로운 책을 구입하기도 했습니다.

어떤 책을 봤을 때는 특정 지인이 떠오를 때가 있습니다. 그 사람의 관심사나 고민거리, 하는 일과 상황 등에 잘 맞을 것 같아서입니다. 그런 책은 별도로 챙겨서 선물로 전달했습니다. 책에도 인연이 있다고 생각합니다. 읽지도 않는 사람이 계속 보관하는 것보다 더 필요로 하는 사람에게, 더 많은 지혜와 정보를 얻어갈 수 있는 사람에게, 더 큰 가치를 만들어낼 수 있는 사람에게 가는 것이 책의 입장에서도 좋을 겁니다. '이 책은 이 사람에게 가면 좋겠다'라는 생각이 강하게 떠오를 경우 제가 소장하려던 책도 그냥 선물로 주고는 합니다. 그 책은 다시 사면 되니까요.

그렇게 한 번에 수십 권씩 책을 내놓다보니 점점 공간이 가벼워지고 마음도 가벼워졌습니다. 마음이 가벼워지자 신기하게도 새로움을 받아들일 수 있는 여지가 생겼습니다. 평소에 접하지 못했던 새로운 분야도 공부하게 되고 새로운 종류의 책도 읽게 되었습니다. 그러자 생각하고 행동하는 범위가 넓어지며 점점 삶 자체가 확장되는 느낌을 받았습니다. 기존의 책을 계속 소유하며 안고 있으려고만 했던 태도가 오히려 저를 구속하고 있었던 게 아니었을까 싶습니다.

수십 번의 비우는 노력 끝에, 지금은 굳이 책장을 잔뜩 뒤엎는 거사를 치르지 않고도 쉽게 정리할 수 있을 만큼 책의 양이 줄었습니다. 대신 공간과 마음이 가벼워지면서 삶을 바라보는 관점에 여유가 생기고 비어 있는 자리를 다양한 경험으로 채우게 되었습니다. 보유 중인 책은 줄었지만 삶은 더욱 풍요로워졌습니다.

책을 포함해 어떤 것이든, 삶에서 너무 많은 것을 안고만 있으려 하지는 않기를 바랍니다. 과거에 중요했더라도 지금의 나에겐 중요하지 않을 수 있습니다. 그런 것들은 놓아줘야 지금 나에게 필요한 새로운 무언가를 잡을 수 있습니다. 가벼워야 민첩하게 움직일 수 있고 구속 없이 자유롭게 세상을 체험할 수 있습니다. 정보는 기록에, 보관은 도서관에 위임하는 것도 삶을 살아가는 방식입니다. 모든 걸 혼자서 다 잡고 있으려고 하지 말고요.

책 읽을 시간이 없으면 안 읽으면 됩니다

많은 분들이 이야기합니다. 책을 읽으면 좋다는 건 알겠는데 도저히 읽을 시간이 없다고 말이죠. 그럼 간단합니다. 책 읽지 마세요. 읽을 시간이 없으면 안 읽으면 됩니다. 뭐가 문제인가요. 우리가 책 읽으려고 태어난 것도 아니고 말이죠.

다만 한 가지 알아야 할 게 있습니다. 실제로는 책 읽을 시간이 없는 게 아니라 독서가 다른 활동에 비해 우선순위 저 뒤편에 있다는 걸 말이죠. 자신의 일주일 일과를 생각해보세요. 분명 여러 가지 일들로 바쁠 겁니다. 공부할 것, 해야 할 일도 많은 삶을 살아가고 있을 테니까요. 하지만 그 바쁜 상황에서도 생각 이상으로 이것저것 참 많은 일들을 하고 있습니다. TV도 보고 게임도 하고 인터넷도 하고 스마트폰으로 SNS 타임라인도 살펴보고 놀러도 갑니다. 바쁜 나날을 보내고 있는 건 사실이지만 그럼에도 불구하고 할 건 다 하고 있습니다.

결국 책 읽을 시간이 없다는 건 다른 걸 다 하고도 도저히 할 게 없어서 책을 읽어 볼 만큼의 넘치는 여유가 없다는 거지, 진짜 독서할 시간이 없다는 게 아닙니다. 시간의 문제라기보다는 우선순위의 문제인 겁니다. 이건 책뿐만이 아닙니다. 운동, 일기, 청소, 가족과의 연락처럼 꾸준히 했으면 좋겠지만 못하는 대부분의 일이 그렇습니다. 진짜 시간의 문제가 아니라 우선순위의 문제라는 걸 정확히 알아야 합니다. 대부분은 시간이 없다고 핑계를 댈 뿐입니다.

진짜 책을 읽고 싶다면 책에 대한 우선순위를 높이면 됩니다. 다른 활동으로 보내는 시간을 독서 시간으로 대체하면 됩니다. 지금 하고 있는 일을 전부 다 하면서 거기에 책까지 읽으려고 하니 시간이 나지 않는 겁니다. 하루 24시간이 덤으로 몇 시간 더 늘어나는 것도 아니고, 그렇다고 수면 시간을 줄일 수도 없는 노릇이지 않습니까. 우리가 초인도 아닌데 말입니다. 자신의 본분을 어기면서까지 책을 읽을 수도 없는 노릇입니다. 학생이면 공부, 직장인이면 일이 먼저죠. 그걸 안 하면서까지 책만 읽는다는 건, 자기계발이 아니라 오히려 도피에 가깝습니다. 대신 허투루 보내는 시간을 독서 시간으로 바꾸는 게 현명한 태도입니다.

딱 1주일만 자신의 시간 활용을 기록해보세요. 아침에 일어나서부터 잠에 들 때까지 어떤 활동에 얼마큼의 시간을 사용하고 있는지 기록하는 겁니다. 귀찮은 거 압니다. 대부분 그냥 읽고 넘어가리라는 것도 압니다. 어쩌면 이미 수많은 책과 강의를 통해 시간을 기록해보라는 주문을 받았을지도 모릅니다. 단지 매번 눈으로 보고 귀로 듣되 실천하지는 않았을 뿐이죠. 이번 기회에 딱 한 번만 행동으로 옮겨 보세요. 속는 셈 치고 말입니다. 독서를 떠나 자기 경영, 시간 관리 자체에 도움이 되는 활동입니다. 현대 경영학의 아버지라 불리는 피터 드러커가 말하는 '시간 관리의 첫 번째 단계'이기도 하고요.

자, 큰마음 먹고 결심하느라 수고하셨습니다. 이제 1주일 동안 실천한 뒤 자신의 시간 기록을 살펴보세요. 그토록 시간이 없다고 말해왔지만 실제로는 자신이 얼마나 많은 시간을 허투루 보내고 있었는지를 두 눈으로 확인할 수 있을 겁니다. 따로 억지로 시간을 내려 하지 말고 그렇게 허투루 보내온 시간을 책 읽는 시간으로 바꿔보세요. 내 호기심을 풀어줄 책 한 권을 펼쳐보세요. 작은 행동이면 됩니다.

취업을 준비하면서 1년에 100권의 책을 읽었습니다. 야근을 기본으로 하면서도 연 평균 60~70권씩 책을 꾸준히 읽었습니다. 물론 읽을 때마다 도서 리뷰를 남겼습니다. 일부의 책들은 몇 번을 반복해서 읽었고요. 그 모습을 지켜보던 분들이 질문을 주셨습니다. 속독을 하냐고 말이죠. 그러지 않고서는 쉽게 이해하실 수가 없는 겁니다. 직장인 시절엔 보통 밤 10~11시에서야 퇴근하고는 했었거든요. 게다가 개인 블로그도 운영하고 주말에는 자기계발 모임을 열고 강의를 진행하기도 했고요.

주어진 시간 대비 대한민국 성인 평균을 훌쩍 넘는 독서량이지만 사실 저에게 대단한 비법이 있었던 건 아니었습니다. 속독을 하는 것도, 책의 내용을 사진 찍듯이 읽는 특별한 기법을 사용하는 것도 아니었고요. 그저 제 삶의 다양한 활동 중 독서의 우선순위가 높았을 뿐입니다. 다른 분들이 TV를 볼 때, 게임을 할 때, 스마트폰에 빠져들 때 전 책을 읽은 것이죠.

사실 저 역시도 각종 자극적인 매체에 중독되듯 빠져든 경험이 많습니다. 식사 시간을 놓치고 밤낮이 바뀌는 건 예사였죠. 이런 매체들이 무서운 게 처음에는 그냥 가볍게 즐기는 것에서 시작한다는 겁니다. 그런데 조금 정신을 놓고 보면 3~4시간이 훌쩍 지나 있습니다. 별일 안 한 것 같은 몇 시간이 훌쩍 지난 걸 깨닫고 깜짝 놀라고는 했습니다. 시간 사용을 기록해보니 생각보다 많은 시간과 에너지를 투자하고 있더군요. SNS도 짤막하게 이용하는 것 같지만, 타임라인을 내리고 내리다 보면 수십 분이 훌쩍 지나갑니다. 그러면서 스스로 정한 계획을 실천하지 못한 저를, 도약하지 못하는 인생을 아쉬워만 하고 있더군요. 애초에 그럴 수밖에 없는 생활을 하고 있었으면서 말입니다.

어떤 일도 습관이 되면 쉬워집니다. 그 일이 무엇이 될지는 자신의 선택입니다. 제게는 아무 목적 없이 SNS 타임라인을 내리고 있거나 TV를 시청하는 대신 책을 읽는 행위가 하나의 습관으로 자리 잡았습니다. 그러니 똑같이 바쁘더라도 다른 분들에 비해 좀 더 독서량을 확보할 수 있었던 것이죠.

빨리 읽는 것과 잘 읽는 건 다릅니다

간혹 저에게 고민을 털어놓는 분이 있습니다. 자신이 책을 읽는 속도가 다른 사람들에 비해 느리다고 말입니다. 책에 대한 우선순위를 높이고 꾸준히 읽으려고 해도 독서 속도가 느린 게 보이니 마음이 불안한 겁니다. 이런 분들이 신기할 정도로 꼭 함께 물어보는 질문이 있습니다. "책 한 권 읽는 데 보통 얼마나 걸리나요?" 어느 정도의 속도가 기준일까 싶어 물어보는 듯합니다.

전 이렇게 답변을 드립니다. 느리게 읽어도 괜찮다고요. 책을 꼭 빨리 읽어야 할 필요는 없습니다. 빨리 읽는 게 잘 읽는 걸 보장하지는 않습니다. 얼마나 빨리 읽느냐보다는 얼마나 느끼고 사유하느냐가 더 중요합니다. 속도는 그 다음입니다. 독서는 저자와의 대화입니다. 얼마나 진정성 있게 이야기를 주고받았는지가 중요하지 얼마나 서로 말을 빨리했는지가 핵심이 아니잖아요. 수많은 텍스트를 읽고 빠르게 정보를 처리하는 능력이 자기 밥벌이의 핵심이 아닌 이상 느리게 읽어도 괜찮습니다.

그럼에도 읽는 속도가 느리다는 점이 계속 고민인가요. 그럼 여기서 한번, 왜 읽는 속도가 느린지 그 대표적인 이유를 살펴보겠습니다. 우선 글자를 읽는 연습 자체가 부족한 경우입니다. 점점 읽는 것보다는 보는 게 익숙한 시대로 나아가고 있습니다. 사람들은 텍스트보다는 이미지, 이미지보다는 비디오를 선호하고 있습니다. 텍스트는 읽고 나면 다시 한 번 뇌에서 자신만의 이미지와 비디오로 정보를 처리해야 합니다. 반면 이미지나 비디오는 단번에 그 결과를 인식할 수 있습니다. 빠르고 편리하죠. 정보 처리 과정이 짧으니까요.

재밌는 건 그런 불편함 덕분에 텍스트를 통해 생각하고 상상하는 힘을 기를 수 있다는 겁니다. 그냥 가만히 일방적으로 받아들이는 게 아니라 계속 자기만의 그림을 그리고 영상을 만들어내야 하거든요. 이미지, 비디오의 시대에도 텍스트가 강조되는 이유가 여기에 있습니다.

하지만 이런 사실을 머리로는 알지언정, 이미지나 비디오가 텍스트에 비해 훨씬 직관적이고 생동감 넘치며 시대의 주류가 되어가는 건 사실입니다. 당장 우리 몸이 느끼는 게 다르거든요. 사람들이 '읽는 것'보다 '보는 것'에 점점 더 익숙해지는 건 어찌 보면 당연한 일입니다. 심지어 기록도 텍스트가 아닌 이미지와 영상으로 남기는 일이 많아지고 있지 않습니까. 정보를 소비하고 생산하는 수단이 바뀌고 있는 겁니다. 그러니 글자를 읽는 행위 자체가 어색하고 힘들 수밖에 없죠.

게다가 장문의 글이라면 그 불편함은 이루 말할 수가 없습니다. 점점 사람들은 호흡이 짧은 글에 익숙해지고 있습니다. 오랜 시간 동안 장문의 글을 읽을 일이 많지 않습니다. 그럼 어찌해야 할까요? 걱정할 필요 없습니다. 텍스트, 그것도 장문의 글을 읽는 것에 익숙하지 않은 것일 뿐, 능수능란하게 읽을 수 있는 힘 자체가 없는 게 아닙니다. 말 그대로 연습이 부족한 것이니 연습만 하면 됩니다. 이는 꾸준히 즐기면서 책을 읽다보면 시간이 해결해줍니다. 조급한 마음만 내려놓으면 됩니다. 스스로를 힘들게 하지 마세요.

텍스트를 읽어나가는 속도 자체가 문제가 아니라, 책의 내용을 소화하는 데 필요한 배경 지식이 원인인 경우도 있습니다. 모르거나 익숙하지 않은 분야의 책은 당연히 읽는 속도가 느릴 수밖에 없습니다. 한 문장도 곱씹어 보면서 내용을 이해해야 하니까요. 용어 하나도 뜻을 이해하기 위해 머리를 굴려보고 검색도 해봐야 하니까요. 배경 지식이 부족한 분야일수록 책을 읽으면서도 "이게 무슨 말이야"라며 벽에 부딪히게 되는 일이 많습니다. 글자는 읽지만 내용이 이해되지는 않고요. 당연한 겁니다.

모르는 분야에 처음 뛰어 들었을 때를 생각해보세요. 작은 행동 하나 하는데도, 크게 중요하지 않은 정보 하나 해석하는 데도 많은 시간이 걸렸죠. 하지만 조금만 시간이 지나도 그 일들을 대수롭지 않게 해내지 않습니까. 사소한 것들은 쉽게 넘어가는 여유도 부릴 수 있게 되고요.

책도 마찬가지입니다. 비슷한 주제의 비슷한 책들을 자주 읽다 보면 다음에는 문단 전체를 훑어보기만 해도 대략 어떤 내용인지 자연스럽게 파악할 수 있게 됩니다. 눈이 움직이는 속도가 빨라졌다기보다는 그냥 익숙한 내용들이 있다 보니 금방 책장을 넘기게 되는 겁니다. 반대로 다른 책에서는 볼 수 없었던 내용, 이 책만의 독특한 내용이 더 도드라져 보이고요. 속독의 문제가 아니라 배경 지식의 문제죠. 배경 지식이 쌓일수록 책을 읽는 속도는 자연스럽게 빨라지게 됩니다.

결국 책을 읽는 속도는 시간이 해결해주게 되어 있습니다. 책을 읽는 게 익숙해지고 배경지식이 쌓일수록 자연스럽게 책 읽는 속도가 높아집니다. 그러니 당장 책을 빨리 읽는 것보다는 책과 친해지고 독서가 익숙해지는 데 먼저 초점을 맞추셨으면 좋겠습니다.

끝으로, 독서에서 속도보다는 느낌에 집중하셨으면 합니다. 여러분이 지금 수학 문제 하나를 푼다고 상상해볼까요. 수학 실력을 늘리려면 어떡해야 할까요. 대충 계산해서 빠르게 찍고 넘어가면 될까요? 아닙니다. 단 한 문제를 풀더라도 본인의 힘으로 깊게 생각해 보는 연습이 필요합니다. 그래야 사고력이 늘고 처음 보는 문제를 만나더라도 자신만의 방식으로 접근해갈 수 있는 힘이 생깁니다.

무조건 빠르게 읽는 게 전부가 아닙니다. 글자를 읽을 때만 독서가 아니거든요. 잠시 멈춰 느끼고 생각하는 모든 시간이 전부 독서거든요. 방대하게 펼쳐진 텍스트 안에서 핵심 내용만 추출하는 게 독서의 유일한 목표가 아닙니다. 단 한 문장을 읽고도 울림을 얻을 수 있는 게 독서의 매력입니다. 따라서 같은 시간 동안 얼마나 많은 글자를 읽어나가느냐가 아니라 같은 책을 읽고도 얼마나 사유를 했고 어떻게 소화했으며 무엇을 느꼈느냐가 중요한 것입니다.

한 시간 동안 단 한 문장을 읽더라도 그로 인해 울림이 있었다면 그건 가치 있는 독서입니다. 한 단락 속에서 자기 삶과 실생활에 적용할 만한 아이디어를 얻은 것도 마찬가지입니다. 무작정 속도만 따지는 건 박물관을 전력으로 뛰어다니며 작품 감상을 끝냈다고 으스대는 것과 다를 바 없습니다.

일단 노출입니다

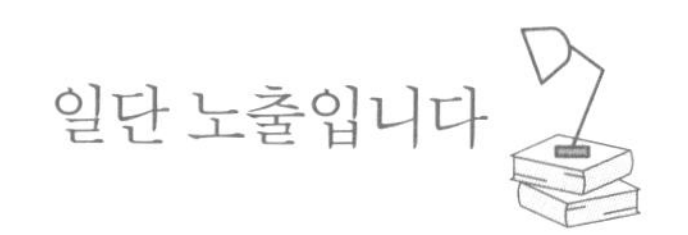

사람은 환경으로부터 많은 영향을 받습니다. 어떤 환경에 놓여 있느냐에 따라 사람의 몸과 마음에 생기는 변화가 달라집니다. 물론 자신이 처해 있는 환경에 상관없이 스스로 원하는 상태에 머무를 수 있다면 더할 나위 없겠죠. 모든 것은 마음 먹기에 달렸다는 '일체유심조一切唯心造'의 가르침처럼 말입니다. 다만 그 경지에 이르기가 만만치 않습니다. 단번에 그런 수준에 오를 수 있는 내공이 쌓인 사람이라면 굳이 독서에 대한 책을 읽지도 않았을 겁니다. 언제 어디서든 그냥 바로 독서를 즐길 수 있을 테니까요. 그동안 수많은 교육을 받고 책을 읽는 건 내 마음처럼 단번에 자기 자신과 인생이 바뀌지 않아서이지 않겠습니까.

우리가 선택할 수 있는 현명한 방법은 내공을 쌓으며 자기 마음을 바꿈과 동시에 주위 환경에도 변화를 주는 겁니다. 어차피 환경에 영향을 받는 게 사람이라면 그걸 역으로 이용하자는 것이죠. 너무 자신의 의지에만 목숨 걸지 말고요.

책과 친숙하지 않았던 사람이 갑자기 책과 사랑에 빠지기는 어렵습니다. 한 권 읽는다고 독서가로 재탄생하는 것도 아니고요. 하루 24시간, 책에 많이 노출될 수밖에 없는 환경을 한 번 설계해 보세요. 오늘부터 그 환경 속으로 들어가 보세요. 주위에 책이 많이 보이고 손에 계속 잡힐 때 읽을 확률이 높아집니다. 제가 처음 책에 관심을 가지게 되었을 때도 환경으로부터 받은 영향이 컸습니다.

어릴 적 제가 살던 집은 좁았습니다. 대신 평수에 비해 책은 많은 편이었습니다. 집 안에서 움직일 때마다, 시선을 돌릴 때마다 곳곳에 책이 눈에 들어왔습니다. 도저히 책에서 시선을 피할 수 없는 공간이었죠. 딱히 읽지는 않더라도 어떤 저자의 무슨 책들이 있는지 자연스럽게 알게 되었습니다.

부모님께서 틈틈이 책 읽는 모습을 보여주신 것도 저에게는 영향이 있었습니다. 집안 곳곳에 있는 책이라는 물건은 읽기 위해 존재하고 있다는 걸 무의식적으로 학습하게 되었거든요. 물론 부모님께서 보신 책은 당시 어렸던 제가 쉽게 접근할 만한 것은 아니었습니다. 이해하기 어려웠거든요. 관심 주제도 아니었고요. 그래도 책장에 꽂혀 있는 책들을 한 번씩 펼쳐보게는 되었습니다. 도대체 무슨 내용이기에 우리 집에 있는지, 부모님께서 펼쳐 보시는 건지 궁금했거든요.

계속 눈에 띄었다고 바로 독서에 재미를 붙였던 건 아니었습니다. 밖에서 뛰어 다니고 장난감 가지고 노는 게 훨씬 더 재미있었으니까요. 다만 놀이가 지루해질 때쯤 한 번씩 책장을 뒤져보게 되었습니다. 점점 책이라는 물건에 대한 거부감이 줄어들었습니다. 책이라는 건 언제든 책장에서 꺼내 펼쳐볼 수 있다는 의식이 생겼습니다. 그러다 앞서 말씀드렸던 것처럼 영웅담에 대한 관심이 높아졌고, 자연스럽게 관련된 책에 빠져들게 된 것입니다.

아직 책과 친숙하지 않고 독서 습관과는 거리가 먼가요? 그렇다면 우선은 독서에 대한 문턱을 낮춰야 합니다. 초보자가 책을 읽기 힘든 척박한 환경을 이겨내기란 쉬운 일이 아닙니다. 엄청난 의지가 필요하거든요. 굳이 의지를 쓰려고 하지 마세요. 자신에게 유리한 환경부터 구축하세요. 계속 노출되어야 한 번이라도 책을 더 펼쳐보게 됩니다.

수불석권手不釋卷, 손에서 책을 놓지 않는다는 뜻입니다. 저 역시 독서를 습관으로 만드는 과정에서 의도적으로 책을 제 활동 반경 곳곳에 비치했습니다. 책장은 기본이고 책상 위, 이부자리 머리말, 학생일 때는 학교 사물함, 직장인일 때는 사무실 서랍에도 몇 권 놔뒀습니다. 외출할 때는 가방에 한 권씩은 꼭 넣고 다녔고요. 더 좋은 건 아예 외출할 때도 손에 쥐고 있는 겁니다. 출퇴근 시간처럼 주위 환경이 복잡하거나, 몸과 마음이 피곤할 때는 가방에서 책을 꺼내는 일조차 귀찮아지거든요. 자연스럽게 주머니에서 스마트폰을 꺼내 만지게 됩니다. 그게 더 편하니까요. 독서뿐만 아니라 무언가 습관을 만들고 싶다면, 그 행위를 하기 좋은 환경을 구축하는 게 좋습니다.

약속을 잡을 때 사용할 수 있는 방법도 있습니다. 약속 장소를 서점으로 정하는 겁니다. 지인이 오기를 기다리면서 자연스럽게 어떤 책들이 있는지 살펴볼 수 있습니다. 그냥 멍하니 언제 오나 기다리기보다는 그 짧은 시간 동안이라도 다양한 책들을 접하는 거죠. 일찌감치 도착했다면 기다리는 시간 동안 책을 읽으면 되고, 지인이 조금 늦는다면 또 그 시간만큼 책을 읽으면 됩니다.

대형 서점은 위치상 찾기가 편해 약속 장소로 잡기에도 좋습니다. 교통 안내도 잘되어 있고요. 게다가 요즘에는 서점 안이나 근처에 카페가 있는 경우가 많습니다. 아예 그 곳에서 만나도 좋습니다. 대화를 하다보면 자연스럽게 책이 눈에 들어오고, 책 자체 혹은 내용이 대화 주제가 될 수도 있습니다. 자연스럽게 책과 독서가 일상생활에 녹아들어가게 되는 겁니다.

요즘 저자와의 만남이나 출판 기념회 같은 책 관련 행사가 자주 열리고 있습니다. 문화 산업, 평생 교육의 발전과 함께 그런 행사는 더 많아지고 풍성해질 것입니다. 책의 홍보를 위한 행사라 참가비가 저렴하거나 무료인 경우가 많습니다. 지역 도서관들이 종합적인 문화 공간으로 탈바꿈하며 다양한 저자 강연회를 주최하고 있습니다. 책을 계속 읽기만 하는 게 지겨울 때는 이런 문화 행사에 참여해 간접적으로 체험해도 좋습니다.

독서 모임에 참여하는 것 역시 좋습니다. 사람에게 영향을 주는 환경 중 으뜸은 역시 사람입니다. 사람은 사람과 함께 어울려가며 살 수밖에 없습니다. 주변에 어떤 사람이 있느냐가 자신의 변화에 큰 영향을 끼치고요. 책에 관심 있는 이들이 모여 있는 곳에 가면 독서에 집중하게 될 가능성이 커집니다. 혼자라면 읽기 힘든 책도 함께 있으면 읽게 되며, 하나의 책을 읽고도 다양한 사람들의 여러 가지 관점을 접할 수 있습니다. 자신보다 책을 더 즐기고 있는 사람들에게 배움을 얻을 수도 있고요.

#용기 : 고전 속 한 문장의 힘

『톰소여의 모험』을 쓴 미국의 소설가, 마크 트웨인Mark Twain은 "고전이란 모두가 읽고 싶어 하지만 아무도 안 읽는 이야기다"라고 말했습니다. 저도 마찬가지였습니다. 고전이 좋다는 이야기는 많이 들었습니다. 수많은 고전의 제목은 익숙했습니다. 막상 읽은 적은 없었죠. 익숙하면서도 낯선 책, "그 책 알아"라고 말하지만 "읽어본 적은 없어" 하고 털어놓게 되는 책. 저에게 고전은 그런 의미였습니다. 하지만 우연히 펼쳐든 고전에서 발견한 한 문장이 저에게 큰 힘이 되어주었던 순간들이 있습니다. 책 전체 내용도 아닌 그저 단 한 문장이 말이죠.

취업에 실패했던 경험이 있습니다. 말 그대로 지원했던 모든 기업에 다 떨어진 것입니다. 믿을 수 없는 결과였습니다. 아무리 취업이 어렵다고 한들 어느 한 군데에는 합격할 줄 알았거든요. 청년 백수라는 타이틀이 저에게는 오지 않을 거라는 막연한 생각을 갖고 있었던 거죠. 그만큼 현실을 받아들이기가 쉽지 않았습니다. 저와 현실을 부정하게 되었습니다. 자신감도 떨어지고 세상으로부터 숨고 싶었습니다. 자존감이 바닥을 쳤습니다. 이제 충분히 바닥인가 싶었는데 지하도 있더군요. 지하도 1층만 있는 게 아니었습니다. 계속해서 내리막길을 따라 내려갔습니다.

"하늘이 장차 어떤 사람에게 큰 임무를 맡기려 할 때에는, 반드시 먼저 그 마음과 뜻을 고통스럽게 하고, 그의 힘줄과 뼈를 수고롭게 하고, 육신을 굶주리고 궁핍하게 하며, 그가 하는 일을 뜻에 어긋나게 만들어서 무서운 역경에 빠뜨린다. 그렇게 함으로써 그가 강한 인내력을 가지고 능력을 키워서 지금껏 할 수 없던 큰 임무를 맡게 하려는 것이다."

天將降大任於是人也(천장강대임어시인야) 必先苦其心志(필선고기심지) 勞其筋骨(노기근골) 餓其體膚(아기체부) 空乏其身(공핍기신) 行拂亂其所爲(행불난기소위) 所以動心忍性(소이근심인성) 增益其所不能(증익기소불능)

- 맹자, 『맹자: 고자장구 下』 中

그때 제 눈에 들어온 구절입니다. 유교 사상을 완성했다는 맹자에 대해 이야기만 들었지 제대로 알지도 못했고, 그의 철학이 담긴 사상서 『맹자』를 제대로 읽어본 적도 없었습니다. 그런데 저 한 구절이 유난히 마음에 울렸고, 내용이 계속해서 머릿속에 맴돌았습니다. 그리고 위안을 받았습니다. 내가 겪는 고통과 시련이 의미없는 게 아니라 내가 한층 더 성장하기 위한 발판이 될 경험이라는 생각이 들었습니다. 여기서 좌절하고 모든 걸 포기하면 내 그릇은 여기까지지만, 한 번 더 나아가면 그릇이 더 커질 수 있겠다는 희망이 생겼습니다.

나아가 지금 겪고 있는 아픔과 슬픔, 상처를 딛고 일어선다면 훗날 이 경험을 다른 사람들과 나눌 수 있겠다는 생각도 들었습니다. 취업에 힘들어하는 사람은 저 혼자만이 아닐 것입니다. 안타깝지만 앞으로도 저와 같은 사람은 계속해서 생길 것이고요. 제 경험이 그런 사람들에게 공감과 위안, 용기가 될 것이 분명했습니다. 어찌 보면 하늘이 저에게 큰 임무를 맡긴 것이죠. 빨리 취업해서 일하는 것도 좋겠지만, 잠시 늦추고 지금의 경험을 통해 더 많은 사람들에게 이로움을 주라고 말이죠.

한 구절이 생각을 전환하고 마음을 다잡는 데 큰 힘이 되었습니다. 덕분에 다음 공채 시즌까지의 기간을 잘 보냈고, 먼저 지원했던 기업보다 더 좋은 곳에 취업할 수 있었습니다. 게다가 취업에 실패해 보냈던 시간이 오히려 제 대학 생활 중 가장 재밌는 추억이 많았던 때입니다. 바로 취업했었다면 아쉬웠을 정도로 말이죠.

고전 한 구절의 힘은 사업에 뛰어들면서 또 한 번 느끼게 되었습니다. 창업은 저에게 새로운 길이었습니다. 그전에는 좋은 성적 받아서 좋은 대학 들어가고, 좋은 스펙 쌓아서 좋은 기업에 들어가는 길이 전부인 줄 알았습니다. 그 외의 길에 대해서는 잘 알지 못했습니다. 그러다 인생의 정답은 없음을, 다양한 길이 있음을 깨달았습니다. 내면의 끌림을 따르며 주체적인 삶을 살기로 마음먹었고요. 그러는 과정에서 퇴사 후 어릴 적에는 한 번도 생각하지 못했던 사업의 길로 뛰어든 것입니다.

당연히 시행착오가 많았습니다. 그건 지금도 마찬가지입니다. 그중에서도 '관계'의 문제는 저에게 상당히 큰 고민이었습니다. 새로운 길을 걸어가다 보니 그만큼 새로운 인간관계도 많이 맺게 되었습니다. 관계의 모습도 많이 달랐고요. 대학, 직장의 구성원으로서와 사업가로서의 관계는 많이 달랐습니다. 훨씬 이해관계가 복잡했습니다. 그 과정에서 기쁠 일도 아쉬울 일도 많았습니다. 어떤 것이 정답일까 고민도 많았고요. 그때 저를 찾아온 구절은 다음과 같았습니다.

"지위가 없음을 걱정하지 말고 그 자리에 설 수 있는 능력을 갖추기를 걱정해야 하며, 자기를 알아주지 않는 것을 걱정하지 말고 남이 알아줄 만하게 되도록 노력해야 한다."

不患無位(불환무위) 患所以立(환소이립) 不患莫己知(불환막기지) 求爲可知也(구위가지야)

- 공자, 『논어: 이인』 中

사실 인간관계만이 문제가 아니었습니다. 관계는 세 가지 대상을 갖고 있습니다. 나, 남, 세상. 이 세 가지 관계가 복합적으로 섞여 저를 고뇌하게 만들었습니다. 하지만 이 구절을 보자 마음을 정리할 힘이 생겼습니다. 나를 계속 다그치지도 말고, 남이 나를 어떻게 보고 인정할까에 연연하지 말고, 세상이 내 뜻대로 되지 않음에 한탄하지 말고 그냥 지금 내가 할 수 있는 일에 집중하자고 다짐하게 되었습니다. 덕분에 다시 중심을 잡고 방향을 세울 수 있었습니다.

단 한 문장에도 힘이 있습니다. 살아가며 수많은 문장들을 소비하고 있지만, 어떤 한 문장은 나에게 울림과 감동과 용기를 줍니다. 그 한 문장이 때로는 삶의 크나큰 변화를 가져다줍니다. 책 전체를 통틀어 그런 한 문장을 만날 수 있다면, 그것은 분명 성공한 독서 아닐까요. 비록 다른 문장 전체를 놓치더라도 말이죠.

따라서 아무리 고전이고 유명한 책일지라도 그 안에서 과도하게 무언가를 얻어내려 애쓰지 마세요. 모든 내용을 다 내 것으로 만들려고 달려들 필요도 없습니다. 단 한 문장만 건지더라도, 그것을 통해 울림을 얻고 변화의 계기를 만들 수 있다면 충분히 값진 일입니다.

Chapter 3

나답게 책 읽기

어떻게 독서를 시작하면 좋나요?

필독 도서 말고 끌리는 책부터

유명 대학, 기관, 단체에서 선정한 필독 도서 목록을 찾아서 한 권씩 읽으려고 시도했던 적이 있습니다. 안타깝지만 그럴수록 오히려 책과 멀어졌습니다. 재미가 없었거든요. 책을 읽는 게 아니라 그냥 글자만 읽어 내려가고 있었습니다.

책을 읽고는 싶은데 어떤 책을 읽어야 할지 몰라 고민하시는 분들에게 추천해드리는 방법이 있습니다. 지금 내 주된 고민거리나 호기심이 무엇인지 살펴보세요. 그 다음은 일단 동네 도서관이나 서점을 찾아가세요. 이제 남은 건 책을 사냥하는 일입니다. 혹은 채집한다고 표현하기도 합니다.

그냥 발길이 가는대로 돌아다니고 눈길이 가는대로 손을 뻗어보세요. 내 질문에 대한 답을 줄 수 있을 것 같은 책이라면 일단 한 번 펼쳐보세요. 답을 알려주는 객관적이고 논리적인 근거 따위는 없습니다. 그냥 자신의 직관을 따르세요. 제목이든 표지 디자인이든 한 문장의 슬로건이든 저자 이름이든 무엇이든 상관없이 내 끌림에 손을 맡겨 보세요. 그러면서 원하는 책을 찾는 것입니다.

학생일 때는 대학교 도서관을, 졸업 이후에는 오프라인 서점을 많이 활용했습니다. 위와 같은 방식으로 말이죠. 예를 들어 내가 뭘 잘하고 좋아하는지 모르겠어서 고민이면 "내 재능과 흥미를 알 수 있는 방법은 뭘까?"라는 질문을 안고 책을 찾아다니는 겁니다. 에세이, 자기계발, 경제 · 경영, 심리학, 철학 등 장르는 상관없습니다. 단서를 조금이라도 줄 수 있을 것 같은 책이라면 장르와 같은 어떤 분류 기준도 중요하지 않습니다.

스스로 책을 선택하고 읽기 시작하니 어느 때보다도 독서에 몰입이 잘되었습니다. 남들이 아무리 좋다고 강조하는 책이라도 자신과 상관없다고 느껴지면 몰입하기 어렵습니다. 반면 내 고민이나 호기심과 연관이 있고 직접 선택한 책이라면 여기에는 흥미를 가질 수밖에 없습니다. 당연히 몰입은 따라오게 됩니다. 내 고민이고 내 문제고 내 선택이니까요.

이런 방법으로 하나둘씩 책을 사냥하기 시작했습니다. 책을 읽다가 '이건 아니다' 싶으면 다시 다른 책을 찾아갔습니다. 뷔페 음식을 즐기는 것과 마찬가지입니다. 뷔페에 가면 일단 눈에 들어오는 다양한 음식들을 한 번씩 맛보지 않습니까. 자기 입맛에 맞는 음식을 찾기 위해서 말이죠. 그 다음에 입맛에 맞는 음식들을 중심으로 마음껏 식사를 합니다. 굳이 맞지 않는 음식을 잔뜩 그릇에 담아왔다가 의무감에 힘들어하며 억지로 먹을 필요는 없으니까요.

그렇게 한 권씩 책을 읽다보니 어느새 책마다 겹치는 내용은 무엇이며, 서른 다른 점은 무엇인지가 눈에 들어오기 시작했습니다. 나중에는 책 목차만 봐도 대충 어떤 내용일지 머릿속에 그림이 그려졌습니다. 다른 책에서는 보지 못했던 내용을 찾게 되었을 때는 묘한 쾌감을 느끼기도 했고요.

꾸준히 책을 읽자 이제는 관심을 가지고 읽었던 주제의 책은 남들에게 추천해줄 수 있는 여유도 생겼습니다. 같은 주제에 대해 국가별로 어떤 성향의 책들이 나오는지, 주요 저자마다 각기 어떤 특징을 갖고 있는지 구분할 수 있게 되었습니다. 시대마다 어떤 내용이 주로 인기를 끌고 있는지 트렌드도 파악할 수 있게 되었고요.

필독 도서를 읽을 때는 책을 선택하는 기준이 지극히 외부에 있었습니다. 저명한 인사들이 추천해준 책, 유명한 학교나 기관에서 추천해준 책을 수동적으로 읽기 바빴습니다. 반면 호기심에서 시작한 책 사냥은 선택하고 읽는 주체가 저였습니다. 제가 행위의 주인이었죠. 이 차이는 큽니다. 주체자로서 책을 선택하는 경험이 쌓일수록 안목이 늘어나게 됩니다. 매번 다른 사람이 정해놓은 책만 읽는 사람은 자기 안목을 기르기 어렵습니다.

우리는 어릴 때부터 너무 강요된 필독 도서들에 압박을 받고 있습니다. 필독 도서 목록에 들어 있는 책이 나쁘다는 게 아닙니다. 수많은 전문가들이 인정한 책인 만큼 상당히 깊이 있는 책들이고 시대를 뛰어 넘은 걸작이죠. 읽고 체화한다면 분명 인생에 큰 도움이 됩니다. 문제는 스스로 책에 대한 흥미와 관점을 갖추기도 전에, 독자의 상황과 상관없이 '반드시 읽어야만 한다'라는 꼬리표를 붙여 놓은 것입니다. 모든 처방은 대상을 염두에 두고 있어야 합니다. 아무리 몸에 좋은 산삼이라도 갓난아기나 체질상 맞지 않는 사람에게 먹일 수는 없는 겁니다. 이 경우 오히려 명약이 독약이 될 수 있습니다.

필독이라는 건 누가 정한 거죠? 살면서 반드시 읽어야 하는 책을 정한 사람은 누굴까요. 반드시 읽어야 한다는 게 과연 진실일까요. 고정불변의 진리일까요. 아닙니다. 하나의 의견일 뿐입니다. 아무리 좋은 도서라고 할지라도 그건 필독 독서를 선정한 사람들의 기준인 겁니다. 본인이 읽고 좋았던 책이라고 다른 사람들도 꼭 그 책을 읽어야 하는 건 아닙니다. 거기에 독후감까지 써서 내라고? 뛰어난 감상문이 이런 거라고? 그러니 지금껏 독서가 재미없을 수밖에 없죠. 읽고도 남는 게 없고요.

많은 사람들이 교과서나 문제집처럼 공부하듯이 책에 접근하고 있습니다. 책을 읽는 것도 감상문을 쓰는 것도 숙제입니다. 숙제 좀 그만하고 재밌게 책을 읽읍시다. 시작은 남이 아닌 내가 재밌는 책을 읽는 겁니다. 필독 도서란 없습니다. 우리가 그 책들 읽으려고 태어난 게 아니잖아요. 그저 추천 도서 정도가 있을 뿐입니다. 그것 역시 반드시 읽어야 하는 게 아닙니다. 추천은 추천하는 사람의 몫이고, 그걸 참고할지 말지는 내 몫입니다.

자기 끌림에 주목하세요. 끌림을 기준으로 책을 선택하는 일을 반복하세요. 그럼으로써 자기 안목을 기르세요. 다만 '책을 선택하는 안목'이라는 표현에서 오해하지 말아야 할 점이 있습니다. 안목이 있다는 게 책에 '우열'이 있다는 걸 의미하지는 않습니다. 비슷한 주제나 내용의 책 중에서 지금의 나와 잘 맞는 건 무엇이냐는 '적합성'에 가깝습니다. 안목이 쌓인다는 건 현재 자신에게 적합한 책을 찾는 힘이 생긴다는 걸 말합니다. 수동적으로 선택된 책만 읽는 사람은 결코 얻을 수 없는 값진 힘입니다.

수동적으로 책을 받아들이고 강요된 독서를 하는 건 이제 그만 둡시다. 지금부터는 주체적으로 책을 고르고 즐깁시다. 그 시작은 내 본능적 호기심입니다. 질문을 던지고 끌림이 있는 책을 선택하세요. 부담 없이 펼쳐보세요. 아니다 싶으면 그냥 덮고 다른 책을 찾으면 됩니다. 책이 주인이 아니라 여러분이 주인입니다. 주체적으로 독서하세요. 이렇게 원하는 답을 얻어 가시고 책에 대한 안목을 기르세요. 그것이 나답게 책을 읽는 방법입니다.

눈치 따위 내려놓고 쉬운 책부터

굳이 어려운, 있어 보이는 책부터 읽으려고 하지 마세요. 그냥 쉬운 책부터 읽으세요. 어떤 분야든 생소하고 모르는 게 많다면 가장 기초부터 시작하면 됩니다. 그건 학력, 지위, 나이와 상관없습니다. 배움에는 위아래가 없으니까요.

간혹 다른 사람의 시선을 의식해 이해도 안되는 어려운 책을 읽느라 끙끙대는 경우가 있습니다. 버거운 책을 그저 있어 보이려는 마음에 억지로 붙잡고 있기도 하고요. 그러지 않아도 됩니다. 괜히 책에 대한 스트레스만 받다가, 결국에는 독서 자체에 대한 흥미를 잃어버릴 수 있습니다. 끌림과 호기심이라는 좋은 기회와 에너지를 이상한 곳에 낭비하지 마세요.

가면을 조금만 내려놓아볼까요. 어깨에 들어간 힘을 살짝만 빼볼까요. 그냥 쉬운 책부터 차근차근 읽어 나갑시다. 자신의 수준에 맞는 책을 읽어야 재밌고, 그래야 지속하게 됩니다. 게임도 난이도가 적당해야 할 맛이 나지 않습니까. 감당할 수 없는 수준이면 괜히 열만 받고 포기하게 됩니다. 운동도 나에게 맞는 수준이어야 운동입니다. 그 이상이면 극기 훈련입니다.

대학생 시절, 경제학에 대해 알아둬야겠다는 생각이 들었습니다. 너무 모르고 있다는 데서 아쉬움을 느낄 때가 많았거든요. 서점에 들러 어떤 책들이 있나 구경했습니다. 경제학과 학생들이 있는 각종 전공 서적들이 보였습니다. "그래, 나도 대학생이니 이 정도는 읽어야지"라는 마음으로 책을 펼쳤습니다. 이런, 딱 봐도 단며칠이면 포기하게 생겼더군요. 저에게는 수업 하나 더 들어야 하는 수준이었습니다. 살포시 내려놨습니다.

시선을 돌려 일반적인 단행본을 살폈습니다. 노벨 경제학상 수상자들, 해외 유명 대학 교수님들이 쓴 세계적인 베스트셀러들이 보였습니다. 집어 들었습니다. 빼곡히 박혀 있는 텍스트와 삽입되어 있는 각종 차트들을 보니 부담감이 몰려 왔습니다. 단번에 흥미가 떨어지더군요. 안 그래도 기초 상식이 부족해 책을 찾게 된 분야였습니다. 이런 책들이 시작했다가는 오히려 경제학에 대한 거리감만 늘어날 것 같았습니다. 무언가에 기껏 용기를 내서 한 발짝 다가갔다가, 예상치 못한 상처를 받게 되면 다시는 그 대상에 눈길을 주고 싶지 않은 게 사람 심리거든요. 처음 시작하는 것은 쉬워도 상처받은 마음을 다시 열기란 만만치 않습니다. 경제학에 천천히 다가갈 필요가 있었습니다.

결국 제가 선택한 건 중고등학교 경제 교과서였습니다. 일단 다른 책에 비해 상대적으로 글이 쉬웠습니다. 편집도 잡지처럼 지루하지 않게 구성되어 있었습니다. 그림체도 귀엽고 각종 차트와 도표도 대학 전공도서나 일반 단행본과 달리 아기자기한 맛이 있었습니다. 두 눈으로 들어오는 느낌 자체가 달랐습니다. 가볍게 훑어만 봐도 이 정도면 내가 읽을 수 있겠다는 자신감이 생겼습니다. 몇 번에 걸쳐 교과서를 읽었습니다. 이제는 경제학이라는 분야 자체에 대한 자신감이 붙기 시작했습니다. 그리고서야 청소년용에서 벗어났습니다. 조금씩 더 어려워 보이는 책들도 포기하지 않고 읽을 수 있게 되었습니다. 스스로 흥미를 잃지 않도록 조금씩 난이도를 높여갔기에 가능했던 일입니다.

반대로 단번에 높은 난이도에 도전하는 학습 방법도 있습니다. 일종의 극기 훈련과 같습니다. 처음에는 많은 고생을 하게 됩니다. 하지만 사람은 적응의 동물이죠. 극한 상황 속에서는 자신도 모르고 있던 잠재력을 발휘할 수 있습니다. 어느새 그 수준을 따라잡고 때로는 그 이상을 넘어설 수도 있습니다. 사람의 잠재력이란 무한하니까요.

다만 저에게 경제학은 전공과목이 아니었습니다. 경제 분야를 파는 게 삶의 목적도 아니고 어디까지나 주된 일을 하면서 병행하는 독서 활동이었죠. 독자 대부분이 독서 외에도 여러 역할로 다양한 일들을 해내고 있을 것입니다. 그렇게 병행하는 일 중 하나인 독서를 극기 훈련하듯 하게 된다면 독서는커녕 삶 자체의 균형이 흔들릴 수 있습니다. 순간적으로 불타올랐다가 금세 꺼져버리기 쉽고요. 중요한 건 일순간의 강도가 아니라 장기간의 빈도와 지속성입니다. 쉬운 책부터 읽어 가세요. 대신 꾸준히 가세요.

스테디셀러의 경우 출판사에서 별도로 주니어 버전의 책을 내기도 합니다. 고전의 경우 따로 해설서가 나오기도 하고요. 처음부터 원저를 읽기 어렵다면 조금 더 쉽고 친절한 책을 징검다리삼아 먼저 읽는 것도 좋습니다. 배경 지식이 부족한 분야라면 저처럼 낮은 학년의 교과서를 이용하는 것도 방법입니다. 흥미로운 만화책으로 시작하는 것도 상당히 효과적입니다. 아무래도 방대한 양의 글자로 이루어진 책보다는 그림이 많은 책이 읽기 쉽습니다. 나이 많은 어른이라고 만화책이나 어린이용 책을 읽지 말라는 법은 없습니다. 그렇게 스스로 제약을 둘수록 자유롭지 배우지 못합니다. 소중한 배움의 기회를 잃게 됩니다. 모르면 모르는 대로, 부족하면 부족한 대로 자신을 인정하고 기초부터 시작하면 됩니다. 그런 사람들이 더욱 풍요로운 배움을 즐길 수 있습니다. 성장이 따라오는 건 당연하고요.

간혹 장르에도 제약을 두는 사람들이 있습니다. 그러지 마세요. 모든 장르의 모든 책에는 배울 거리가 담겨 있습니다. 잡지, 무협지, 판타지 소설, 연애 소설, 만화 등 뭐든 상관없습니다. 낯선 분야임에도 쉽고 재밌게 읽을 수 있다면 그만한 디딤돌이 어디 있겠습니까. 논문 같은 책에서만 지식을, 고전에서만 지혜를 얻을 수 있는 게 아닙니다. 잡지에서는 최신 트렌드를, 무협지와 판타지 소설에서는 고도의 상상력을, 연애 소설에서는 인간 원초적인 욕망과 남녀 차이에 대한 근본적인 이해를 얻을 수 있습니다. 그 주제와 배경과 독자에 따라 웬만한 베스트셀러 이상의 가치를 얻을 수도 있고요. 어떤 관점으로 책을 읽느냐에 따라 다른 겁니다. 관념을 활짝 열어두고 마음껏 즐기시길 바랍니다.

의도치 않은 만남, 세렌디피티

인터넷 서점과 포털 사이트 · 커뮤니티 서비스로 대표되는 온라인, 지역 서점과 도서관으로 대표되는 오프라인. 어떤 경로로 책 살펴보는 것을 선호하시나요. 전 평소 두 가지 경로를 모두 활용해 책을 탐방하고 있습니다. 평소에는 주로 인터넷을 통해 검색하지만 시간이 날 때 틈틈이 오프라인 서점을 방문해 여러 책들을 살펴봅니다. 반대로 오프라인에서 알게 된 책을 인터넷으로 검색해 보기도 하고요. 두 가지 경로는 각기 다른 특징을 갖고 있습니다.

온라인은 일단 참 편리합니다. 정보가 넘쳐 납니다. 내가 원하는 책에 대한 다양한 정보를 손쉽게 얻을 수 있죠. 기본적으로 표지와 저자, 목차, 줄거리, 출판사 서평 등의 정보를 알 수 있습니다. 여기에 더해 그 책을 읽은 사람들의 수많은 후기까지도 찾아

볼 수 있습니다. 저처럼 책을 읽고 자신의 생각이나 마음에 드는 문구를 블로그나 SNS에 정리하시는 분들이 많습니다. 그런 분들의 기록을 살피다 보면 어느새 책 한 권을 읽은 것 마냥 많은 영감과 아이디어를 얻게 됩니다. 자신만의 시각과 경험으로 재해석한 후기는 책 못지않은 감동을 줍니다. 아예 책의 핵심 내용을 요약해서 알려주시는 분들도 있습니다.

이렇게 온라인을 통해 다양한 정보를 찾아보면 전체를 읽어 보기도 전에 책이 어떤 내용을 담고 있을지 윤곽이 그려집니다. 새로운 내용을 접하기 전에 겪는 심리적 긴장도 해소됩니다. 일종의 예습과 같습니다. 이 상태로 책을 읽으면 훨씬 쉽게 내용을 이해할 수 있습니다.

온라인의 또 하나 큰 장점은 접근성입니다. 언제 어디서나 바로 정보와 연결될 수 있습니다. 길을 걷거나 일을 하다가, 잠시 멍 때리고 있다가도 생각이 떠올랐을 때 바로 검색해서 필요한 정보를 얻을 수 있습니다. 뭐든지 끌림이 있을 때 바로 행동해야 합니다. 그렇지 않으면 피어올랐던 내면의 열정이 사그라들게 됩니다. "나중에 해야지"라고 말해놓고 금세 잊어버리기 쉽고요. 그런 점에서 온라인의 높은 접근성은 상당히 매력적입니다.

다만 아쉬운 점이 하나 있습니다. 정보가 많은 건 좋은 데 너무 많다보니 감당이 안된다는 겁니다. 자신이 원하는 정보가 무엇인지 뚜렷이 아는 게 아니라면 많은 정보 속에 파묻혀 방향을 잃기 쉽습니다. 수많은 정보 속에서 진짜 나에게 필요한 것, 양질의 정보는 무엇인지 판단하기 어렵습니다. 두뇌에 과부하가 걸리면서 결국 주체적인 선택의 기준을 내려놓고 정보에 끌려다니거나, 혹은 책을 선택하는 일 자체를 포기하게 됩니다.

오프라인에서 책을 살펴보는 일은 어찌 보면 비효율적일 수도 있습니다. 버튼 하나로 수천 수만 권의 리스트를 불러오는 온라인 세상에 비해 오프라인은 비치할 수 있는 공간의 제약이 있습니다. 단번에 원하는 도서 목록을 살펴볼 수 있는 것도 아니고요. 물리적으로 왔다갔다 움직이는 데 들어가는 시간과 에너지도 큽니다. 책에 대한 다양한 정보를 손쉽게 얻을 수 있는 것도 아닙니다. 원하는 책이 없어 허탕을 칠 수도 있습니다. 아무래도 물리적인 제한이 클 수밖에 없습니다.

대신 책을 온 몸으로 느낄 수 있습니다. 온라인으로 검색해서 도서 정보를 보는 것과 내가 직접 책을 들고 한 장 한 장 넘기며 살펴보는 것에는 차이가 있습니다. 손으로 느껴지는 종이 특유의 질감과 책장을 넘기는 손맛은 온라인에서는 즐길 수 없는 재미입니다. 같은 책도 다른 사람이 읽고 남긴 후기에서 전해지는 느낌과 내가 직접 읽고 온몸으로 받은 느낌이 분명 다릅니다. 또한 책을 담고 있는 그 공간의 분위기를 즐길 수 있다는 장점도 있습니다. 공간의 힘을 무시할 수 없습니다. 빼곡히 모여 있는 책과 부지런히 책을 찾는 사람들의 움직임에서 느껴지는 특유의 기운이 있습니다. 그 기운에 동화되면 자연스럽게 삶의 활력도 생기고 마음의 여유를 찾게 됩니다.

제가 오프라인에서 느끼는 매력 중 하나는 '세렌디피티Serendipity', 즉 의도치 않은 새로운 발견을 할 수 있다는 점입니다. 영문학 전공의 한 대학생이 도서관에서 우연히 앞뒤가 다 떨어진 『난중일기』를 접했습니다. 당시 유행했던 낭만주의 영시와는 거리가 있는 책이었습니다. 대신 나라의 운명을 짊어진 이순신이라는 인물의 고뇌와 갈등과 의지가 들어 있었습니다. 학생은 훗날 이 사람에 대한 글을 쓰겠다는 막연한 생각을 했습니다. 그 생각이 결국 50대에 이르러 실행에 옮겨졌고, 대한민국 문학계에 한 획을 긋는 작품으로 열매를 맺게 되었습니다. 그가 바로 작가 김훈이며 그렇게 탄생한 책이 소설 『칼의 노래』입니다. '한국 문학에 벼락처럼 쏟아진 축복'이라는 심사평을 받으며 2001년 동인문학상을 받은 작품입니다. 군더더기 없는 문장에서 느껴지는 무장의 고뇌와 결연함에 가슴이 울컥했던 책입니다.

온라인이 원하는 장소에 다다르게 해주는 직행 열차라면, 오프라인은 빙빙 돌아가는 마을버스와 같습니다. 시간도 많이 걸리고 여기저기 비효율적인 움직임도 많습니다. 여기서 세렌디피티가 생깁니다. 이책 저책 살펴봐야 하거든요. 때로는 전혀 관심 없던 주제의 책들과도 마주쳐야 하고요, 덕분에 의도치 않은 새로운 발견을 하게 되는 겁니다.

그 사소한 발견이 향후 커다란 열매를 가져오기도 합니다. 영문학과 대학생과 앞뒤 다 떨어진 『난중일기』의 만남이 향후 『칼의 노래』로 나타날지 누가 알았겠습니까. 특별히 구매할 책이 없을 때도, 그냥 서점에 들러 한 바퀴 돌아보고는 합니다. 요즘에 어떤 책들이 나오고 있는지, 사람들의 시선이 머무르는 책은 무엇인지, 평소 읽지 않았던 장르와 주제에는 어떤 책들이 있는지, 내 관심 분야에서 어떤 책들이 나왔는지 구경합니다. 눈에 들어오는 책이 있다면 자세히 읽지는 않더라도 그냥 한 번 펼쳐봅니다. 혹시 아나요? 그 안에서 어떤 세렌티피티가 펼쳐질지 말이죠.

온라인은 검색, 오프라인은 탐방이라고 생각합니다. 두 경로 모두 장단점이 있으니 서로 보완하는 것이 좋습니다. 여기서 한 가지 생각해볼 문제가 있습니다. 우리가 점점 온라인에 치우쳐져 간다는 것입니다. 이 경우 자칫 사고의 폭이 좁아질 수도 있습니다. 분명 정보는 넘쳐 나지만 계속해서 같은 관점과 색깔의 정보만 취할 수 있거든요. 검색을 하는 것도 내가 아는 정보 내에서 검색 키워드를 입력할 수밖에 없고, 노출되는 정보들도 내 성향에 맞게 추천되는 편향된 정보들일 가능성이 높습니다. 잠재된 볼거리는 많으나 계속 보고 싶은 것만 보게 되고, 워낙 정보가 많은 탓에 원하는 것만 무한 반복해서 보게 되니 사고관이 더욱 고정될 수 있습니다.

효율성만 따지자면 당연히 온라인이 압도적으로 편리합니다. 다만 효율적인 것이 꼭 효과적인 것인지는 생각해 볼 필요가 있습니다. 여러분이 온라인과 오프라인의 장점을 모두 활용해 의외의 만남으로 사고관도 넓히고, 방대한 정보를 통해 깊이와 넓이를 더욱 확장했으면 좋겠습니다.

좋은 책을 고르는 네 가지 방법

직접 도서를 사냥하고 채집하는 방법 외에 책을 선택할 수 있는 또 다른 방법들이 있습니다. 바로 베스트셀러를 선택하는 겁니다. 베스트셀러로 선정되었다는 건 그만큼 보편적으로 사람들이 만족할 수 있는 도서일 가능성이 크다는 겁니다. 각기 다른 욕구를 가진 대중에게 선택된 책이니까요. 자동차든 음식점의 메뉴든 책이든 제일 많이 팔리는 것을 선택하는 게 가장 무난하고 좋은 선택일 가능성이 높습니다. 실패하지 않을 확률이 제일 크죠.

하지만 이 역시 어디까지나 확률입니다. 절대 진리는 아니라는 겁니다. 내가 꼭 그 대중 안에 들어가리라는 보장은 없거든요. 저 역시 베스트셀러라는 말에 구입했다가 실망한 적이 한두 번이 아니었습니다. 대중에게는 만족스러운 책일지 몰라도 제 상황과 관심사와는 맞지 않았기 때문입니다.

베스트셀러라는 타이틀이 꼭 좋은 제품이라는 걸 보장하지는 않습니다. 베스트셀러는 말 그대로 제일 많이 팔린 상품입니다. 많이 팔리는 건 꼭 제품이 좋아서가 아니라 시대의 흐름에 맞아 떨어져서, 마케팅을 잘해서, 대중의 휩쓸림에 따라 결정될 수도 있습니다. 사람들은 다른 사람들의 선택에 민감합니다. 남들이 산다고 하면 나도 모르게 일단 눈길이 가고 구매로 이어지는 경향이 있습니다. 다수가 내린 결정에 동조할 때 불안함도 줄어들고요.

제품 출시 초반에 그 흐름만 잘 일으키고 어느 정도 이상의 기능을 하는 제품이라면 그게 무엇이든 베스트셀러가 되고는 합니다. 그러고는 뒤늦게 이 상품이 왜 베스트셀러가 되었는지 그 이유를 해석하고는 하죠. 영화, 도서, 음원, 게임 등이 출시되기 전부터 엄청난 마케팅을 합니다. 보통 출시 초반 몇 주 안에 흥행 성적이 결정된다고 보기 때문입니다. 그러니 베스트셀러가 꼭 나에게 베스트는 아닐 수 있음을 알고 선택하시는 게 좋습니다.

베스트셀러와 '화제의 책', '주목받는 책'은 엄연히 다릅니다. 후자의 경우 진짜 화제거나 주목받는 책이 아니라, 홍보를 위해 선택된 표현일 가능성이 있습니다. 그게 나쁘다는 게 아니라, 이 점을 알고 선택하자는 겁니다. 구입해놓고 괜히 뒤늦게 후회할 수 있습니다. 때로는 속았다면서 분노하기도 합니다. 그래봤자 자기 감정 소비입니다. 각종 '추천'은 그냥 참고만 하면 됩니다. 최종 선택은 자기 몫입니다.

스테디셀러를 선택하는 방법도 있습니다. 개인적으로 베스트셀러보다는 스테디셀러를 선호합니다. 다른 사람들에게도 이 방법을 추천하고요. 베스트셀러는 그 당시 사회 환경과 트렌드에 따라 비교적 단기간에 정해집니다. 스테디셀러는 오랜 시간 동안의 판매량을 바탕으로 선정되죠. 따라서 일순간의 사회 분위기를 뛰어넘어서 사람들의 본연적인 고민거리를 해소해주고, 삶의 지혜와 양질의 정보를 주는 책일 가능성이 높습니다. 긴 시간에 걸쳐 많은 사람들에게 검증받은 셈인 거죠. 스테디셀러를 고르면 책을 선택할 때 실패할 확률을 그만큼 낮출 수 있습니다.

고전도 마찬가지입니다. 많은 사람들이 고전을 찾는 건 그저 오래되었기 때문이 아닙니다. 따라가기 힘들 정도로 변화가 빠른 시대입니다. 역사적 가치를 제외하고 단순히 정보의 가치로만 보자면 당연히 최근에 나온 책일수록 가치가 높을 것입니다. 그럼에도 어찌 보면 구닥다리 정보일 수 있는 고전을 찾는 이유는 무엇일까요. 시대가 변했음에도 변치 않는 인간 본연의 무언가를 건드려 우리에게 울림을 주고, 시대와 상관없이 살아가는 데 있어 도움이 되는 교훈을 주기 때문입니다.

책을 읽고 싶기는 한데 딱히 떠오르는 책이 없나요. 스테디셀러에 어떤 책들이 있는지 살펴보시면 좋습니다. 그중에서 끌림이 있는 것을 선택해보세요. 여러분에게 도움이 되는 양질의 책과 만날 확률이 높습니다.

지인의 추천을 받는 것도 좋습니다. 여러분에 대해 잘 알고 있고, 유사한 고민을 겪었던 사람이라면 더욱 좋습니다. 경험이라는 건 결코 무시할 수 없으니까요. 절대적으로 좋은 책도, 나쁜 책도 없다고 생각합니다. 단지 독자가 어떤 사람이냐, 어떤 상황에 처해 있느냐, 어떤 생각을 갖고 있느냐에 따라 좀 더 적합한 책이 있을 뿐입니다.

우리가 전문가의 추천을 받는 것도 이런 이유 때문입니다. 다만 '○○○가 추천하는 도서 100선'과 같은 일괄적인 추천 도서 목록이 만족도가 낮은 건, 개별적인 독자의 상황을 알 수 없기 때문입니다. 대중을 대상으로 하다 보니 맞춤식 추천이 불가능한 것입니다. 따라서 나에게 애정이 있고 내가 처한 상황에 공감할 수 있는 지인의 추천을 받는 게 좋습니다. 같은 약도 환자의 상황에 따라 다르게 처방하지 않습니까. 책도 마찬가지입니다.

이런저런 방법을 뒤로하고, 좋은 책을 선택할 수 있는 가장 확실한 방법이 있습니다. 그건 지금 자신이 읽는 책을 좋은 책이라 생각하고 읽는 겁니다.

모든 사람에게 배울 점이 있는 것처럼 모든 책에는 배울 점이 있습니다. 지금 내 손에 잡힌 책이 운명일지도 모릅니다. 그토록 많은 책들 중 한 권을 만났다는 건 대단한 인연이거든요. 지금 앞에 있는 책을 재밌게 읽어보세요. 그 안에서 단 한 가지라도 삶에 도움이 될 만한 교훈을 찾아보세요. 하나만 찾더라도 여러분들은 큰 이득을 본 겁니다.

양이냐 질이냐, 정답은 다른 데 있어요

독서는 양일까요, 질일까요? 정답은 없습니다. 때와 상황과 독자에 따라 다릅니다. 콩나물을 키울 때는 어떻게 하나요. 콩나물시루를 빽빽하게 채우고 있는 콩나물에 하루에도 수차례 잔뜩 물을 뿌려댑니다. 아예 바가지로 물을 퍼서 들이붓죠. 그게 콩나물의 방식이거든요. 난을 키울 때는 어떤가요. 화분 하나씩에 자리잡고 있는 난에 며칠에 한 번 뿌리 끝까지 촉촉이 젖도록 신경써가며 물을 줍니다. 그게 난의 방식이니까요. 양이든 질이든 독자의 당시 상황에 따라 적합한 방식이 있게 마련입니다.

양의 독서는 책과 인생의 지평을 넓히는 데 도움이 됩니다. 많은 양의 독서를 하면 머릿속에 다양한 정보가 풀어져 가지를 칩니다. 폭넓게 새로운 세계를 탐방할 수 있고 자신의 지적 범위를 넓힐 수 있습니다. 반복된 독서로 책을 펼치는 일에 대한 두려움이 줄어들고, 독자와 책의 거리를 좁혀갈 수 있습니다. 많은 정보를 모조리 다 내 것으로 만들려 하기보다는 다양한 세계를 살펴보고 책을 펼치는 일에 익숙해지는 데 초점을 두면 그게 좋은 독서 방식입니다.

질의 독서는 한 권을 읽더라도 씹어 먹듯 파헤치는 방식입니다. 단 한 장을 읽더라도 그 안에 어떤 철학과 메시지가 있는지를 파악합니다. 자신의 지적 범위에서 비어 있는 영역을 채우고 흩어져 있는 퍼즐을 맞춰갑니다. 깊이 있게 사유하며 자기철학을 세워갑니다. 읽는 과정에서 수많은 멈춤이 발생합니다. 책의 내용을 자기화自己化시키는데 좋은 독서 방식입니다. 한 분야의 바이블이라고 불리는 책들을 한 번쯤 이런 방식으로 읽어보면 좋습니다.

세상의 모든 흐름은 발산하는 양의 기운과 수렴하는 음의 기운으로 구성되어 있습니다. 독서 역시 마찬가지입니다. 발산하는 양의 독서와 수렴하는 질의 독서가 함께 조화를 이뤘을 때 완전해집니다. 이것을 반복할수록 독서력은 증가합니다. 자기 삶의 흐름에 따라, 새로운 분야를 접함에 따라, 호기심의 대상이 달라짐에 따라 계속해서 새롭게 발산하는 독서와 수렴하는 독서를 반복해야 합니다. 들숨과 날숨이 반복되듯, 새로운 생명이 생성되고 소멸하듯, 오늘의 해가 지고 내일의 해가 뜨듯 자연의 흐름과 마찬가지입니다.

다만 그 과정에서 중요한 점을 잊어서는 안 됩니다. 지금 읽고 있는 페이지에 마음이 있어야 한다는 것입니다. 일 할 때 밥 먹을 걸 고민하고, 밥 먹을 때 일할 걸 고민하는 경우가 많습니다. 스스로 행복과 멀어지는 삶의 방식입니다. 지금 자신이 할 일에 집중하지 못하고 지나간 과거나 다가올 미래를 고민하느라 힘을 낭비하게 됩니다.

이런 일은 독서에서도 나타납니다. 지금 펼친 페이지를 눈으로는 읽고 있지만 마음은 다음 페이지에 가 있습니다. 한 글자씩 글자는 읽고 있지만 어느 메시지도 마음과 통하지 않습니다. 마음이 다른 곳에 있으니까요. 그 다음 페이지로 넘어가도 같은 상황이 반복됩니다. 그러다 마지막 장을 덮습니다. 책에서 얻는 감흥은 아무것도 없습니다. 대신 "내가 뭘 읽었지"라는 의문만 남죠.

니코스 카잔차키스의 대표작 『그리스인 조르바』를 재미있게 읽었습니다. 책에는 이성적인 화자이자 이론 중심의 삶을 살아가는 '나'와 자유로운 성격의 60대 노인, '조르바'가 나옵니다. 우연한 만남으로 함께 여정을 떠나는 와중에 조르바는 '나'에게 이렇게 말합니다.

"나는 어제 일어난 일은 생각 안 합니다. 내일 일어날 일을 자문하지도 않아요. 내게 중요한 것은 오늘, 이 순간에 일어나는 일입니다. 나는 자신에게 묻지요. '조르바, 지금 이 순간에 자네 뭐하는가?' '잠자고 있네.' '그럼 잘 자게.' '조르바, 지금 이 순간에 자네 뭐 하는가?' '일하고 있네.' '잘해 보게.' '조르바, 자네 지금 이 순간에 뭐 하는가?' '여자에게 키스하고 있네.' '조르바, 잘해 보게. 키스할 동안 딴 일일랑 잊어버리게. 이 세상에는 아무것도 없네. 자네와 그 여자밖에는… 키스나 실컷 하게.'"

그는 과거와 미래에 얽매이지 않습니다. 현재를 살아갑니다. 그렇기에 자유롭습니다. 지나간 과거에 대한 불만, 다가오지 않은 미래에 대한 불안으로 스스로를 힘들게 할 필요가 없거든요. 그저 눈앞에 놓인 일, 지금 자신이 하는 일에 집중합니다. 훌륭한 삶인지 아닌지는 누구도 알 수 없으나, 조르바는 조르바다운 삶을 살았다는 것은 확실합니다. 행복했을 테고요.

다독을 하든 한 권을 정해 우려먹든 독서하는 순간만은 지금 읽고 있는 그 페이지에 마음이 있어야 합니다. 한 문장 한 문장을 음미하든 속독을 하든 말이죠. 운동을 할 때도 각 동작의 핵심이 되는 근육에 집중해야 합니다. 그래야 자세도 바르게 되고 운동 효과도 높아지거든요. 부상 위험도 피할 수 있고요. 책도 마찬가지입니다. 발산하면 발산하는 대로 수렴하면 수렴하는 대로 그 일에 집중하세요. 눈 따로 손 따로 마음 따로 가는 것은 스스로 독서 효과를 낮추는 일입니다.

끌리는 대로 마음껏 편독하기

음식은 골고루 먹는 게 좋습니다. 다양한 영양소를 섭취해야 몸이 균형을 잃지 않고 건강하니까요. 독서도 마찬가지일 겁니다. 다양한 주제, 다양한 장르의 책을 읽었을 때 사고에 균형이 잡히겠죠. 어느 하나에 치우치게 된다는 건 그만큼 한 쪽으로 기울어지기 쉽다는 걸 이야기합니다. 뭐든지 극단적인 건 잠재적 위험을 안고 있습니다.

본인이 편독하고 있는 것 같다고 고민을 털어놓는 사람들이 많습니다. 분명 책을 열심히 읽기는 하는데 매번 같은 분야나 주제, 장르의 책만 읽는 것 같아 걱정인 것입니다. 저는 말씀드립니다. "괜찮습니다. 계속 지금처럼 읽으세요." 편독이 신경 쓰인다고 관심도 없는 분야의 책을 읽지 마세요. 괜찮습니다. 그렇게 책을 펼쳐봤자 눈에 들어오지도 않고, 괜히 책을 붙잡고 한탄만 하게 되거든요.

억지로 읽어도 분명 배우는 게 있습니다. 안 읽는 것보다는 나을 것입니다. 다만 제가 염려하는 건 지속성이 떨어질 수 있고, 괜히 책에 대한 흥미를 잃고 독서에 대한 거리감만 생길 수 있다는 점입니다. 그냥 끌리는 대로 읽으세요. 원치 않는 책이 나에게 밀려오는 것보다 내가 원하는 책을 찾아 나서는 게 좋지 않습니까. 그렇게 읽었을 때 책에서 더 많은 것을 느낄 수 있고 독서 후 남는 것도 많습니다.

편독해도 괜찮습니다. 대신 책 읽는 습관만 유지하세요. 그럼 어차피 여러분은 편독에서 벗어나게 돼 있습니다. 책은 결국 그 사람의 인생에 맞게 따라오거든요. 사람은 외적으로도 성장하지만 내적으로도 성장합니다. 삶을 살아가는 과정 속에서 자연스럽게 관심사도 바뀌고 바라보는 시야도 달라집니다. 처한 상황도 다르고요. 끌림을 주는 책의 종류도 달라지게 마련입니다. 그 순간에는 비슷한 책만 읽는 것 같아도 인생 전체를 넓게 본다면 결국 다양한 분야의 책을 읽게 되는 겁니다.

일을 하는 방식은 다양합니다. 한 번에 여러 작업을 시작해 동시에 다 이끌고 가는 방식이 있습니다. 반면 한 번에 하나씩, 작업을 처음부터 끝까지 마무리 한 뒤 다른 작업을 시작하는 방식도 있습니다. 대신 그 과정을 반복하죠. 전자가 멀티태스킹Multi-tasking이라면 후자는 모노태스킹Mono-tasking입니다. 많은 사람이 멀티태스킹을 통해 생산성을 극대화할 수 있다고 믿고 있습니다. 꼭 그렇지마는 않습니다. 기계에게는 멀티태스킹이 어울릴지 몰라도 사람에게는 모노태스킹이 어울리거든요. 관점을 바꿔보세요. 지금 편독이 아니라 모노태스킹 독서를 하고 있는 겁니다.

저도 어릴 때 삼국지만 읽다가 전쟁사 위주의 역사책, 영웅들의 이야기가 담긴 소설로 독서 관심사가 확장되었지만 어른들의 관점에서는 너무 치우쳐보였나 봅니다. 너무 이런 책들만 읽지 말고 다른 분야에도 관심을 가지라는 훈계를 들었습니다. 억지로 다른 분야의 책들을 접하게 되었습니다. 분명 열심히 읽고 공부하면 저에게 도움이 되었겠지만, 재미도 없고 끌림도 없었습니다. 책을 읽어도 눈에 들어오는 게 없었고요.

그러다 대학생이 되어 다시 책을 잡았을 때, 분야를 가리지 않고 이런저런 책들을 읽는다고 했지만 나중에 정리해보니 '자기계발서'라고 불릴 만한 책의 비중이 높았습니다. 다행히 너무 이런 책들만 읽지 말고 다른 분야에도 관심을 가지라고 훈계하는 사람이 없었습니다. 제 관심 밖의 책들을 강요하는 사람이 없었습니다. 덕분에 마음껏 원하는 자기계발서를 읽었습니다.

시간이 지나, 자연스럽게 경제·경영서로 눈을 돌리게 됐습니다. 나뿐만 아니라 조직으로도, 개인적 성장뿐만 아니라 현실적인 비즈니스 성과로도 관심이 갔기 때문입니다. 그러다 사회 과학 분야 책에도 눈이 가고 점차 인문학, 철학 분야에도 관심을 갖게 되었습니다. 당시에는 한 곳으로 치우친 독서를 하는 것 같았습니다. 시간이 지나 장기적인 관점에서 전체를 돌아보니 결국에는 다양한 분야의 책을 읽어 왔더군요. 제 끌림과 호기심의 대상이 달라졌거든요. 제 사회적 역할과 주된 고민거리가 달라졌으니까요. 대신 계속해서 책을 읽는다, 이것 하나만은 변함이 없었습니다.

한 분야에 관심이 있을 때 그 분야에 흠뻑 빠져들어 온전히 느껴보는 게 좋습니다. 괜히 균형을 맞춰보겠다고 조금씩 맛만 보다가 이도저도 아닌 독서가 되는 것보다는 차라리 몰입하는 편독이 낫습니다. 끌림이 있을 때 열렬히 느껴보고 마음껏 호기심을 풀어보세요. 본능을 따라보세요. 그렇게 속 시원하게 내면의 욕구를 풀어내면, 어차피 다른 분야로 호기심과 끌림을 느끼게 마련입니다. 그럼 또 열렬히 그 분야의 책을 만끽하세요. 관심사는 계속해서 움직입니다. 그걸 억지로 끊고 막으려고 하지마세요. 어떤 아이가 신나게 수학을 공부하고 있습니다. 한 시간째 한 문제를 가지고 '이렇게 풀까, 저렇게 풀까' 다양한 풀이법을 그려보고 있습니다. 그런데 균형을 맞춰야 한다며 집중 잘하고 있는 아이의 흐름을 억지로 깨뜨리고 국어, 과학, 사회 공부를 시킬 건가요.

지금 편독하고 있어 고민이라는 건 어찌 보면 '한 분야의 전문성을 쌓고 있어 고민이에요'라는 말과 비슷할 수 있습니다. 관점만 살짝 바꿔본다면 말이죠. 재밌지 않습니까. 깊이 있게 전문성을 파고든다고 고민한다니 말이에요. 융합이 중요하다고 하지만 그렇다고 꼭 처음부터 두세 가지를 같이 시작할 필요는 없습니다. 하나를 원하는 만큼 깊이 파고 또 다른 것을 팔 때 시도해도 됩니다.

퍼스널 브랜드를 만드는 테마 독서법

발산하는 양의 독서와 수렴하는 질의 독서를 한 번에 해결할 수 있는 방법이 있습니다. 테마가 있는 책 읽기입니다. 줄여서 테마 독서라고 하겠습니다. 먼저 하나의 주제를 정합니다. 이와 관련된 도서 리스트를 만듭니다. 하나씩 읽어 나갑니다. 이 과정을 하나의 프로젝트로 만들어 독서하는 방식입니다.

테마 독서에는 여러 가지 장점이 있습니다. 우선 뚜렷한 목표의식을 가질 수 있습니다. 사람은 어제 한 일을 오늘 또 하고, 오늘 한 일을 내일 또 할 때 지루함을 느낍니다. 지루함이 지속되면 슬럼프로 빠지게 됩니다. 테마 독서는 프로젝트의 성격을 갖고 있습니다. 뚜렷한 목표가 있고 시작과 끝이 명확합니다. 어제도 하고 오늘도 한 일을 언제까지 반복하게 될지 막막하지 않습니다. 게다가 마구잡이로 보는 게 아니라 자신이 스스로 부여한 테마를 중심으로 책을 읽어나갑니다. 자신이 이 책을 왜 읽는지 그 이유를 알고 독서를 시작하는 겁니다. 사람은 자신이 이 행동을 왜 해야 하는지 알고 있을 때 스스로 동기 부여를 하게 됩니다.

> "왜(WHY) 살아야 하는지를 아는 사람은 그 어떤(HOW) 상황도 견뎌낼 수 있다."
>
> \- 프리드리히 니체

하나의 테마를 잡고 책을 읽기 시작하면 독서에 새로운 의미가 부여됩니다. 똑같이 책을 100권 읽더라도 그냥 '책 100권 읽기'가 아니라 '연애 박사로 도약하는 독서 프로젝트', '국내 산사 간접 여행을 위한 100권 읽기', '역경을 극복하고 성공한 사람들의 공통점 찾기'와 같은 테마를 붙여서 목표를 세워보세요. 독서가 좋다고 하니 의무감에 읽는 것과, 스스로 목표의식이 생기는 테마를 정하고 의미를 부여해 독서하는 것에는 큰 차이가 있습니다.

이렇게 테마 독서를 하면 부수적으로 따라오는 게 있습니다. 전문성과 브랜드입니다. 한 가지 주제를 정하고 이에 대한 다양한 책을 읽다 보면 자연스럽게 정보가 쌓입니다. 시간이 지날수록 다양한 정보 안에서 같은 점과 다른 점들을 인식하게 됩니다. 눈이 트이는 겁니다.

그 임계점을 넘는 순간 일종의 장난감 블록 놀이가 가능해집니다. 장난감 블록의 묘미가 무엇인가요. 매뉴얼을 벗어나 자기만의 창작물을 만들 수 있다는 것 아니겠습니까. 자신이 갖고 있는 장난감 블록의 형태와 색상이 다양할수록 자기만의 독창적인 창작물을 만들기가 쉬워집니다. 테마 독서가 그 역할을 합니다. 열심히 블록을 모으는 단계를 거쳐 서로 다른 블록을 볼 수 있는 안목을 갖게 되고 좋은 블록을 고를 수 있는 힘이 생깁니다. 그로 인해 기존 매뉴얼의 한계를 넘어 편집과 융합을 통한 창조가 가능해집니다. 책을 읽기만 하는 독자를 넘어 해당 분야에서 자기만의 의견과 철학을 가진 전문가로 변모할 수 있는 가능성이 열리는 셈입니다. 글을 읽는 데 그치지 않고 쓰는 필자로 도약할 수 있는 가능성도 열리게 되고요.

스스로 정한 주제가 있고, 이를 뒷받침하는 독서 활동이 있는 사람은 그 분야에 대한 자신만의 철학을 가다듬게 됩니다. 철학을 갖고 있다는 건 타인과 세상에 전할 수 있는 자기 메시지가 있다는 것입니다. 게다가 테마 독서의 결과는 사람들에게 긍정적인 이미지를 심어줍니다. 한 주제에 대해 다양한 책들을 섭렵하는 사람이 생각만큼 많지 않거든요. 그렇게 되기까지의 노력, 노력으로 얻은 실력, 실력을 얻기까지의 과정을 거친 희소성을 무시할 수가 없는 것입니다. 그 결과 자신만의 브랜드가 생기기 시작합니다. 이를 퍼스널 브랜드라고 합니다.

회사를 다니며 '나다운 삶'에 대한 고민이 많았습니다. 나다운 삶이란 무엇이며, 앞으로 어떻게 살아야 하는지 답을 찾고 싶었습니다. 수없이 질문을 던지고 탐구했습니다. 그런데 이 과정에서, '나다운 삶'에 대한 고민이 저만의 문제가 아님을 알게 되었습니다. 겉으로 말을 안하지만 속으로는 똑같은 고민을 안고 각자의 방식대로 힘들어하고 있다는 것을요. "나처럼 고민하고 있는 사람들에게 도움이 될 수는 없을까?" 지금처럼 내 관점에서만 피상적으로 고민하는 게 아니라, 조금 더 대중적이면서 깊이 있게 '나다운 삶'에 대해 파고들기로 했습니다.

주제는 '나답게 살아가기'였으며, 연관이 있는 도서 100권을 읽는 것이 프로젝트의 목표였습니다. 책의 장르는 중요하지 않았습니다. 심리, 철학, 과학, 에세이, 종교, 비즈니스 구분 없이 테마에 연관이 있고 도움을 줄 수 있다면 마음껏 읽었습니다. 한 권 두 권 마지막 장을 넘기는 책이 쌓일수록 많은 정보와 영감이 누적되었습니다. 그리고 저만의 언어와 그림으로 정리되기 시작했습니다.

계속해서 테마 독서를 하며 읽은 책들을 기록으로 남겼습니다.

도서 목록만 남기는 게 아니라 테마 독서 과정에서 겪은 경험과 떠오르는 생각, 이야기도 글로 적었습니다. 저만의 콘텐츠를 쌓은 것입니다. 그러자 이를 사람들과 나누고 싶었습니다. 주말에 사람들을 모아 '나답게 살아가기'라는 이름으로 강의를 열었습니다. 회사를 다니며 나답게 사는 데 도움이 되는 책을 읽고, 나답게 살자는 글을 쓰고, 어떻게 나답게 살 것인지 이야기를 나눴습니다.

알게 모르게 저의 활동을 지켜보고 있는 사람들이 있었습니다. 어느 날 온라인으로 쪽지가 하나 도착했습니다. 대학교 교수님이었습니다. 놀랐습니다. 그 교수님은 관련 분야의 책도 출간하고 강의도 하시며, 특허 받은 자신만의 교육 프로그램도 운영하고 계신 분이었습니다. 테마 독서를 하며 관련 분야를 파헤치다보니 자연스레 알게 된 분이었죠. 물론 그 분은 저를 모르고 계셨겠지만 말이죠. 그런 분이 저의 활동을 잘 보고 있다며 책을 선물로 주고 싶다고 하셨습니다. 실제로 며칠 후 직접 사인을 남긴 본인의 저서를 보내주셨습니다. 테마 독서가 가져다준 퍼스널 브랜드가 없었더라면 결코 있을 수 없는 일이었습니다.

독서 계획을 세우세요. 이때 가장 중요한 건 반드시 스스로 주제와 계획을 세워야 한다는 점입니다. 관련 분야의 경험이 많은 사람에게 조언을 구할 수는 있습니다. 단, 조언은 어디까지나 조언으로 남아야 합니다. 최종 선택과 실행은 결국 내가 해야 합니다. 테마 독서의 주제는 반드시 내게 끌림이 있어야 하며, 독서 계획은 내 상황과 현실에 맞아야 합니다. 이를 놓친 테마 독서는 또다시 재미도 없고 부담감만 가득해집니다. 내 성장을 위한 테마를 정하세요. 이에 맞는 책을 즐기세요. 양과 질을 한 번에 잡을 수 있습니다.

페이지 잘 안 넘어가는 당신에게

호기롭게 책을 펼쳤지만 처음 기대와 달리 책장이 잘 안 넘어갈 수 있습니다. 영 재미도 없고, 처음 내 호기심과 끌림과 달리 내용이 마음에 들지 않을 수도 있고요. 자신이 던졌던 질문과는 전혀 다른 내용이 담겨 있거나 속 시원한 답변이 없을 수도 있습니다. 이런 과정을 몇 차례 겪다 보면 독서에 대한 좌절감을 느끼게 됩니다. 독서는 나와 안 맞는 일인가 싶기도 하고요.

괜찮습니다. 여러분은 지금 어떤 책을 선택하면 좋은지 안목을 늘리고 있는 중입니다. 어떤 분야든 자신에게 맞는 것을 볼 수 있는 눈을 기르기 위해서는 일정량의 경험이 필요합니다. 옷도 마찬가지지 않습니까. 자꾸 보고 많이 입어 봐야 자신에게 어떤 게 맞는지, 옷을 고를 때 중요하게 여겨야 하는 기준이 무엇인지 알게 됩니다.

충분히 소화할 거라 생각했던 책인데 막상 읽어보니 내용이 하나도 이해가 안될 수도 있습니다. 그런 책들이 있습니다. 분명 다 아는 단어들의 나열이고 분명 열심히 읽고는 있는데 막상 내용은 안들어오는 책들 말이죠. 그건 내 배경 지식이 부족해서 그럴 수도 있고, 간혹 저자가 글 자체를 어렵게 썼기 때문일 수도 있습니다. 해외 서적의 경우 번역이 매끄럽지 않아서일 수도 있죠.

괜찮습니다. 단지 지금 손에 잡은 책을 읽는 데 약간의 문제가 있었을 뿐이지 인생에 문제가 있는 건 아니지 않습니까. 그냥 그 책을 이해하는 데 어려움을 겪었을 뿐입니다. 그럼 또 다른 책에 접근해 또 다른 독서를 이어가면 됩니다. 아니면 책이 아닌 다른 수단을 선택해도 괜찮습니다. 우리가 책을 읽는 건 그 책으로부터 얻고자 하는 정보나 감동 때문인데, 세상에 정보와 감동을 줄 수 있는 수단이 책만 있는 건 아닙니다. 이해가 안 되는 책을 보며 답답함을 느낄 수는 있지만 그렇다고 좌절할 필요는 없습니다. 그냥 다른 책을 읽거나 다른 방법을 이용하면 되니까요.

뜨거운 열정과 함께 독서 생활을 선포하고 계획을 세웠지만, 단 3일 만에 열정이 사그라들었을 수도 있습니다. 사실 작심삼일은 우리 의지와 상관없이 신체적으로 발생하는 당연한 현상입니다. 의지를 다지고 큰 결심 아래 계획을 세울 때, 인간의 몸에서 코르

티솔과 아드레날린이라는 호르몬이 분비됩니다. 새로운 변화를 앞두고 발생하는 스트레스를 조절하는 데 도움을 주죠. 하지만 이 호르몬들의 수명이 단 3일입니다. 이후부터는 스트레스가 증가하게 됩니다. 자연스럽게 계획을 포기하게 되는 거죠.

하지만 다르게 생각해보면 여러분은 이렇게 3일이라도 새로운 변화를 실천한 겁니다. 평소에는 하지 않았던 독서를 말이죠. 멋진 일이지 않습니까. 호르몬의 작용 기간이 3일이라면, 3일마다 다시 호르몬을 분비하면 됩니다. 그때마다 새로운 마음으로 다시 한 번 의지를 다잡으면 됩니다. 122번만 하면 1년이라는 기간을 채울 수 있습니다. 게다가 뒤로 갈수록 실행은 점점 더 쉬워질 겁니다. 반복된 행위를 몸이 학습하게 되고, 몸이 학습한 행위는 습관으로 발전하게 됩니다. 그때부터는 큰 노력 없이도 그냥 할 수 있게 됩니다. 이제는 머리가 아닌 몸이 그 행위를 익혀버리기 때문입니다. 여러분은 지금 학습 과정 속에 있는 겁니다. 작심삼일을 실패로만 보지 말고 성공을 위한 과정이라고 생각해보세요. 작심삼일을 반복한 만큼 여러분이 실패했다는 게 아니라, 그만큼 멋지게 도전했다는 겁니다.

열심히 책을 읽다가도 "내가 굳이 책을 읽어야 하나"라며 허무한 마음이 들 수도 있습니다. 책 몇 권 읽는다고 내 삶에 눈에 띄는 변화가 생기지는 않거든요. 설령 큰 변화가 있을지언정 그 변화가 독서 때문인지도 명확하지 않습니다. 책을 읽는 행위와 책을 읽음으로써 얻는 결과의 사이가 참 멀죠. 그 거리마저도 불투명하고요. 읽어서 뭐하냐는 고민이 드는 게 당연합니다. 책 읽는다고 누가 독서량에 비례해서 돈을 주는 것도 아니니까요.

다만 한 가지 아셨으면 하는 사실이 있습니다. 독서는 콩나물 키우기와 비슷합니다. 계속 물을 줘도 큰 변화가 없어 보이지만 시간이 지나면 어느새 부쩍 자라버린 것을 볼 수 있습니다. 콩나물이 물을 다 흘려버리는 것 같았지만 알게 모르게 영양분을 흡수하며 성장하고 있었던 겁니다. 결과가 즉시 나타나지 않았을 뿐입니다. 여러분의 독서도 이와 같습니다. 그러니 지속하세요. 부담도 집착도 내려놓고 꾸준히 하세요. 어느 순간 예상치 못한 선물을 받게 될지도 모릅니다.

내적 성장 외에 독서가 저에게 가져다 준 가시적 성과들이 있습니다. 그중 첫 성과는 휴가였습니다. 그것도 군 복무 시절 받은 3박 4일 포상 휴가였죠. 제가 체감했던 기쁨의 정도를 직장인 기준으로 바꾸자면 7박 8일의 휴가, 조금 더 과장하자면 11박 12일의 휴가 정도가 될 겁니다. 군대 안에서 24시간을 살고 있고 행동의 제약도 많았으니까요. 도대체 어떻게 독서로 휴가를 받게 되었을까요?

기초 훈련을 받은 뒤 제가 최종적으로 근무할 부대로 배치 받았습니다. 부대 최고 상관인 대대장님과의 면담 자리가 있었습니다. 저와 같은 이등병들이 잔뜩 모여 대대장실로 향했습니다. 긴장되었습니다. 군대 자체가 수직적 문화를 갖고 있는 곳인데다가, 대대장님은 제 부대 생활을 좌지우지할 수도 있는 분이었으니까요.

회사로 치면 신입사원들과 CEO가 만나는 첫 자리인 거죠.

생각 이상으로 신병들의 긴장을 풀어주려는 분위기였습니다. 대대장님과 앞으로의 군 생활은 물론 인생 전반에 대한 이야기를 나눴습니다. 그런데 당시 대대장님께서 저희 신병들에게 한 가지 미션을 주셨습니다. 뜬금없게도 지정 도서 한 권을 읽고 1주일 내로 독후감을 제출하라는 겁니다. 당시 선임들에게 물어보니 독후감이 마치 부대의 전통과 같더군요. 그동안 신병 모두 그 책을 읽고 감상문을 제출했다고 했습니다.

대대장님이 말씀하신 책은 저자의 인생이 가득 담긴 내용이었습니다. 그는 21살 어느 날, 양쪽 눈을 실명했습니다. 면역 기능에 이상에 생겨 만성 염증이 생기는 질병에 걸린 것입니다. 당연히 절망에 빠졌고요. 하지만 그는 포기하지 않았습니다. 다시 희망을 안고 새로운 도전을 펼쳐갔습니다. 18일 만에 점자를 배우고, 악보를 머릿속에 저장하며 피아노를 배우고 봉사활동도 하며 컴퓨터로 편곡과 작곡도 했습니다. 절망을 희망으로 바꾼 삶의 경험을 바탕으로 기업 연수 강사로도 활동했고요.

두려움을 잔뜩 안고 자대에 배치된 신병들에게 잘 어울리는 책이었습니다. 주어진 환경에 불평과 불만을 갖기 보다는, 그 안에서 주체적으로 자기 삶을 살아가라는 메시지가 담겨 있었으니까요. 부대에서도 책을 통해 병사들 스스로 그 교훈을 얻기를 바랐을 것입니다.

그런데 전 도대체 무슨 생각이었을까요. 대대장님과 면담을 하면서 추가로 한 가지 약속을 했습니다. '군 생활 중 자기만의 목표를 가져라'라는 주제로 이야기하다가 대대장님께 약 5개월 내에 책 50권을 읽고 그 결과를 보고하겠다고 했습니다. 뭣 모르는 열정이 이렇게 무섭습니다. 당시에는 몰랐습니다. 회사 팀장님 만나듯 마음 내킬 때 대대장님께 찾아가 보고할 수 있는 여건도 아니고, 무엇보다도 이등병에게는 마음 편히 앉아 여유 있게 책을 읽을 수 있는 시간이 없다는 걸 말이죠.

어쩌겠습니까. 도망갈 수도 없지 않습니까. 50권의 독서는 당시 저에게는 약속 정도가 아니라 하나의 임무였습니다. 제가 생활하던 곳은 연탄 창고를 개조한 임시 건물이었습니다. 2층으로 올라가면 컨테이너의 찜통 더위가 느껴지는 휴식 공간이 있었습니다. 구석진 곳에 책장 2개와 아무렇게나 놓여 있는 책들이 있었습니다. 나름 도서관이라는 명칭이 붙어 있었으나, 사실 그동안 부대원들이 남겨놓은 책들을 모아놓은 보관함 정도에 불과했습니다. 그래도 다 합쳐서 150권 정도의 책은 있었습니다. 우선 대대장님 숙제부터 마무리하고, 그 다음에는 읽을 만한 책들을 골라 시간 날 때마다 한 권씩 읽었습니다. 겨우 전화 한 통 이용하는 것 말고는 모든 자유 시간을 독서에 집중했습니다. 워낙 시간이 한정되어 있었던 탓에 매 순간을 아낄 수밖에 없었습니다.

정해진 기간이 다 되어서야 겨우 임무를 달성할 수 있었습니다. 뿌듯했습니다. 마지막 50권 째를 다 읽는 순간 저 자신이 자랑스럽더군요. 부대 밖 지인들에게 자랑해야겠다고 수첩에다 끄적이며 혼자 좋아할 정도로 말이죠. 부대 안에서는 개인적인 성취감을 느낄 일이 거의 없었습니다. 모처럼 잃어버린 성취감을 맛본 순간이었습니다. 대대장님께 이 결과를 직접 보고할 수는 없었습니다. 말단 사원이 CEO에게 대뜸 보고하는 일이 흔치 않은 것처럼 말이죠. 대신 편지함 같은 곳이 있었는데 거기에 첫 면담 때의 약속과 그 결과물인 도서 리스트를 적어서 제출했습니다.

국방부 시계는 최선을 다해 꾸준히, 하지만 지극히 천천히 흘러갔습니다. 이제는 무지막지하게 책을 읽기 보다는 조금 더 내실을 다져가며 책을 읽기로 했습니다. 그러던 어느 날, 주말 새벽 경계근무를 마치고 내려오는 데 하사 한 분이 저를 급하게 불렀습니다. 분명 해야 할 일을 다했고 잘못한 게 없을 텐데 왜 급히 찾는 걸까 걱정됐습니다. 뜬금없이 외출을 나가야 된다고 했습니다. 아침도 못 먹은 상태로 옷에 먼지는 잔뜩 묻힌 채, 주머니에는 작업용 장갑을 불룩하게 넣은 상태로 읍내 번화가로 향했습니다.

알고 보니 부대에서 중대별로 병사 한 명씩을 선정해 읍내에 위치한 도서관으로 보낸다는 것이었습니다. 제가 속한 중대의 지정 병사는 저였고요. 평소에 책을 열심히 읽는 게 간부들의 눈에 띄었나 봅니다. 덕분에 민간인들이 모여 있는 도서관에 방문했습니다. 작지만 깔끔했습니다. 대학교 도서관이나 대형 서점에 비하면 턱없이 부족한 책들이었지만, 벌레가 날아다니는 책장 두 개뿐인 도서관에 비하면 국립중앙도서관이 부럽지 않았습니다. 이등병 병사에게는 다양한 책들도, 그 안에서 책을 읽고 있는 민간인들도 모두 신기한 대상이었습니다. 관심 있는 책 열 권을 가져와 이것저것 빠르게 훑어봤습니다. 내용은 안 들어오지만 그냥 그 순간 자체가 뜻깊었습니다.

어느새 한 해의 끝을 향해 달려가고 있었습니다. 본격적인 하루 일과가 시작되기도 전 이른 아침, 갑자기 지휘통제실로 불려갔습니다. 간부들이 잔뜩 모여 회의를 하고 있더군요. 일개 병사인 제가 딱히 볼 일이 없는 광경이었습니다. 공간의 분위기는 무겁고 어둡고 진지했습니다. 딱히 제가 지휘통제실에 불려올 만한 이유가 없었습니다. 저를 데리러 온 분도 딱히 이유를 알려주지 않았습니다. 그런데 뜬금없이 표창장을 주더군요. 오글거리지만 신기하게도 '독서왕'이라는 이름으로 말이죠.

알고 보니 수개월 전에 보낸 50권의 독서 목록을 대대장님께서 인상 깊게 보셨던 겁니다. 꽤 오랜 시간이 지나 저도 잊고 있었던 일인데 말이죠. 그 전에 독서왕이라는 제도를 들어본 적이 없었습니다. 대대장님께서 특별히 만드셨던 겁니다. 게다가 무려 3박 4일의 휴가도 받았습니다. 이런 행운이 찾아올 지는 상상도 못했습니다. 당시 자리에 있던 간부들도 신기해하는 표정을 짓고 있었습니다. 대대장님께서는 '1대 독서왕'이라는 명칭으로 액자로 만들어 걸어두자고 하시더군요. 다행히 아이디어에서 그쳤습니다.

사실 당시에는 3박 4일이라는 달콤한 포상 휴가에만 눈이 갔습니다. 병사에게 가장 큰 선물이 전역, 그 다음이 휴가거든요. 그런데 뒤돌아보니 제가 얻은 또 하나의 커다란 선물이 있었습니다. 그건 독서에 대한 깨달음이었습니다. 당시의 일을 통해 독서는 단순히 시간의 문제라기보다 우선순위의 문제라는 걸 몸으로 느낄 수 있었습니다. 더 나아가 사람이 성장하는 데 환경 못지않게 태도가 중요하다는 걸 배웠습니다. 독후감 작성을 위해 읽었던 지정도서에서도 느꼈던 바이지만, 제 경험으로 느낀 배움이기에 더욱 값졌습니다. 50권 이후로도 꾸준히 책을 손에 잡았고, 제대할 때까지 총 104권의 책을 읽을 수 있었습니다.

부대 내 도서 환경은 지극히 제한되어 있었습니다. 그것이 오히려 제 독서 생활에 도움을 준 점도 있습니다. 책에 제한이 있다 보니 평소라면 읽지 않았을 책에도 눈길이 갔습니다. 그 전에는 주로 경제 · 경영서나 자기계발서를 읽었습니다. 부대 내에서는 역사, 자연 과학, 소설, 수필, 심지어 거들떠보지도 않던 시집까지 두루두루 읽게 되었습니다. 단점이 오히려 장점이 된 경우였습니다.

Chapter 4

마음껏 즐기기

재밌게 독서하는 비법이 있나요?

재밌게 읽는 가장 쉬운 방법

책을 재밌게 읽을 수 있는 제일 쉬운 방법이 있습니다. 그냥 '재밌는 책'을 읽는 겁니다. 재미없는 것을 재밌게 읽으려고 억지로 노력하니 독서가 힘든 겁니다. 재밌는 책을 즐기며 읽는 게 훨씬 쉽습니다. 거짓 없이 자연스러우니까요. 우리는 매번 재미없는 걸 즐겁게 받아들이기 위해 인내하고 노력하고 각종 기술을 익히려 합니다. 솔직히 힘든 일입니다. 자연스러움을 역행하기 위해서는 그만큼의 수고가 필요하니까요.

따라서 '어떻게 책을 재밌게 읽을 것인가'라는 질문에 앞서 '어떤 게 재밌는 책인가'라는 질문부터 던져야 합니다. 재미라는 건 지극히 주관적인 감정입니다. 재미의 대상을 누군가 추천해줄 수는 있지만 누구도 정해놓을 수는 없습니다. 독자 여러분 마음에 울리는 신호를 포착해야 합니다. 다른 사람과 상관없이 본인에게 재미있는 책이 진짜 재밌는 책입니다.

대학생 시절, 출판사에서 운영하는 서포터즈 활동에 참여한 적이 있습니다. 출판사의 책들과 출간 전 원고도 읽으며 의견을 나누는 재미난 활동이었습니다. 단체로 모이던 날, 책 교환 이벤트가 있었습니다. 각자 재밌게 읽은 책을 들고 와 무작위로 교환하는 이벤트였죠. 당시 제가 받은 건 여행기를 담은 책이었습니다. 좋은 글을 보내주는 한 메일링 서비스의 구독자들이 모여 바이칼호에 다녀온 여행 이야기였습니다. 당시 이 책을 가져오신 분이 간단히 책을 설명하셨는데, 그때 참 표정이 맑고 즐거워보였습니다. 책 역시 맑고 깨끗할 것 같았죠.

기대한 대로였습니다. 책을 읽으며 제 마음이 참으로 차분해진다는 걸 느낄 수 있었습니다. 그리고 저자가 자신의 생각과 느낌을 은은하면서도 따뜻하게 풀어내는 표현이 인상 깊었고요. 솔직히 재미는 없었습니다. 즐거운 표정으로 책을 설명하시던 분을 생각해 더 몰입해서 읽으려했지만 그게 잘 안됐습니다. 재미가 없는 걸 재밌게 읽으려는 노력 자체가 버겁더군요. 당시 어떻게 하면 더 열심히 최선을 다해 노력할까를 고민하고 있었습니다. 심지어 벼랑 끝에 자신을 세우고 죽을 각오로 나아가는 사람들의 이야기에 감동받을 때였죠. 군 제대 후 복학한지 얼마 안되어 한창 의욕이 넘칠 때였거든요. 세상 두려울 게 없는 시기지 않습니까. 그런 저에게 바이칼호에 찾아가 자연을 즐기고 삶을 돌아보며 마음을 가다듬는 잔잔한 여행기는 공감이 되지 않았습니다. 그때 알았습니다. 다른 사람에게 재밌는 책이 나에게는 아닐 수 있다는 걸 말이죠. 설령 재밌다고 추천해주신 분의 독서 내공이 아무리 깊더라도 말이죠.

자신에게 재밌는 책을 찾기 위해서는 평소 내면의 끌림에 집중할 필요가 있습니다. 살다보면 특정 책이든 주제든 저자든 장르든 무언가에 대한 끌림이 피어오를 때가 있습니다. 끌림을 잘 포착해 그대로 따라해보세요. 끌림이라는 에너지는 상당히 강합니다. 순간적인 끌림에 따르고 실천하면 행동이 물 흐르듯 자연스럽게 펼쳐집니다. 평소에 하지 못했던 일들도 해낼 수 있는 힘이 생깁니다. 때로는 세상이 당신을 도와주기도 합니다.

반면 끌림을 억제해두고 보류할 경우 그만큼 에너지를 잃게 됩니다. 순간을 놓치지 않으면 자연스럽게 이뤄질 일을, 다음으로 미루게 되면 치열하게 노력해야 합니다. 억제와 보류가 반복될 경우 무언가에 끌림을 느끼는 감각 자체가 무뎌지게 됩니다. 감각도 근육도 뇌도 사용하지 않으면 모두 둔해집니다.

만약 '건강한 요리'에 관심이 있다고 생각해볼까요. 서점에 들를 경우 당연히 실용 혹은 음식 영역을 찾게 될 겁니다. 하지만 꼭 그 영역에서만 내가 원하는 책을 찾을 수 있을까요? 아닙니다. 전공서적 영역에서는 학술적으로 접근한 책을, 자기계발 영역에선 일상 속 건강 관리법에 대한 책을, 사회 과학 영역에선 음식 산업에 대한 책을, 에세이에서는 건강한 요리로 대표되는 인물의 일상을 담은 책을 찾을 수 있습니다. 만화책이든 잡지든 참고서든 어린이 동화든 상관없습니다. 장르와 상관없이 그저 나에게 끌림을 주는 내용이 담겨 있는 책이라면 그냥 읽으면 됩니다. 고정관념 없이 그저 내게 끌림이 있느냐가 중요합니다.

사람마다 입맛이 다르죠. 어떤 사람에게는 맛집이지만 어떤 사람에게는 그저 그런 음식점이 되고는 합니다. 때로는 돈 주고 다시는 가지 않을 음식점이 되기도 하고요. 완벽한 요리란 없습니다. 책도 마찬가지입니다. 누군가에게는 인생을 바꾼 책이 누군가에게는 스트레스만 안겨준 책일 수 있습니다.

우리는 자기 끌림에 너무 인색합니다. 순수한 끌림보다는 차가운 의무감, 밋밋한 대중 심리로 움직이는 데 더 익숙해져 있습니다. 자신의 끌림을 계속해서 무시하고 보류할수록 마음 깊은 곳에는 빚이 쌓입니다. 쌓인 빚이 커질수록 모든 에너지를 빚을 다루는 데 쓰게 되고, 삶은 더욱 무거워집니다. 순수한 끌림을 느끼는 감각을 잃어가고, 점차 내가 뭘 좋아하는지도 모르는 고민에 휩싸이게 됩니다.

다행히도 반복된 시도를 통해 다시 감각을 깨울 수 있습니다. 평소 조금씩이라도 끌림을 포착하고 끌림에 따라 행동하는 연습을 해보세요. 물론 사회생활을 하다보면 내 끌림대로만 행동할 수 없다는 냉혹한 현실에 부딪힐 때가 많습니다. 끌림을 따르라는 말을 왜곡할 경우 자칫 그저 내 마음대로 모든 일을 해버리겠다는 막장 인생이 돼버릴 수도 있겠죠.

어렵게 생각하지 말고, 극단적으로 받아들이지 말고 작은 범위 안에서 가볍게 움직여보세요. 상황이 여의치 않다면 일단 기록이라도 해두고 최대한 빠른 시기에 행동으로 옮겨보세요. 끌리는 책이 있다면 책을 펼쳐 단 몇 장이라도 바로 읽어보세요. 지금 당장 읽을 수 있는 상황이 아니라면 제목을 기록해뒀다가 하루 일과를 마치고 한 번 읽어 보세요. 그것도 안되면 다음 날 서점이나 도서관을 방문해보세요. 다른 사람이 남긴 리뷰라도 찾아보고 저장해두세요. 배고플 때 먹는 음식이 가장 맛있는 음식인 것처럼, 끌림이 있을 때 읽는 책이 제일 맛있는 책입니다. 고기도 먹어본 사람이 많이 먹는다는 말처럼, 책도 재밌게 읽어본 사람이 많이 읽게 됩니다.

딱히 좋아하고 끌리는 주제가 없는 것 같다면 이번에는 고민거리를 떠올려보세요. 질문을 던져보세요. 이게 호기심입니다. 이에 대해 누군가의 답변을 들을 수 있을 것 같은 책을 찾아 보세요. 어떻게 하면 아침에 일찍 일어날 수 있을까 고민인가요. 수면에 대한 책을 읽어 보세요. 내가 뭘 좋아하는지 모르겠나요. 자기 탐색에 대한 책을 읽어 보세요. 부자가 되고 싶나요. 돈과 부자에 대한 책을 읽어 보세요. 어떻게 하면 매력적인 사람이 될 수 있을까 고민인가요. 건강, 운동, 뷰티, 심리에 대한 책을 읽어 보세요. 내 호기심에서 시작하면 독서가 훨씬 더 재밌어집니다. 억지로 몰입법을 배우지 않아도 자연스럽게 몰입하게 되고요.

반면 지금 읽고 있는 책이 너무 재미없다면 잠시 내려놔도 괜찮습니다. 그것도 용기입니다. 정해진 학습 과정을 위해, 내 업무를 위해 반드시 읽어야만 하는 책이라면 어쩔 수 없겠죠. 해야 할 건 해야 하니까요. 하지만 그게 아닌 책이라면 재미도 없고 와닿지도 않는 데 억지로 스트레스를 참아가며 꾸역꾸역 읽고 있을 필요가 있을까요. 어쩌면 지금은 그 책과 인연이 아닐 수도 있습니다. 잠시 접어둬도 괜찮습니다. 다음에 다시 끌림이 있을 때 읽으세요. 그때는 깜짝 놀랄 수도 있습니다. 이 책이 이토록 재밌는 책이라는 걸 과거에는 몰랐다는 사실에 말이죠. 인연이 있는 책이었지만 단지 시기가 맞지 않았을 뿐입니다.

읽고 싶은 환경 만들기

책을 선택했다면 이제 더욱 재밌게 읽는 일이 남았습니다. 사람은 환경에 많은 영향을 받습니다. 어떤 환경도 극복해내는 게 사람의 저력이지만, 굳이 극한 상황으로 스스로를 몰아낼 필요는 없습니다. 이왕이면 내가 하고자 하는 일을 더 잘할 수 있는 상황을 스스로에게 선물해주는 게 현명한 방법입니다.

저에게 독서는 습관입니다. 달리는 고속버스 안에서도 책을 읽고는 합니다. 하지만 아직도 이불 안에서의 독서는 매번 실패하고 있습니다. 이불 안에서 책을 펼치면, 신기하게도 언제 잠들었는지도 모르게 몇 시간이 지나 있더군요. 책은 어디 한 편에 널브러져 있거나 배 위에 살포시 얹어져 있고요. 그럼에도 "잠시 누워서 편하게 읽어볼까"라는 마음으로 수차례 도전합니다. 인류는 도전의 역사를 살아가고 있지 않습니까. 도전한다고 꼭 성공하는 건 아니더군요. 이불은 수면의 세계로 빠져드는 입구인가 봅니다.

책을 읽기 참 어려운 환경이 있는 반면, 자연스럽게 읽고 싶어지는 환경이 있습니다. 재밌는 책을 읽는 것만으로도 즐거운데, 그런 환경 속에서 읽으면 독서의 즐거움이 배가 됩니다. 내용을 떠나 읽고 있는 상황 자체에서 행복을 느끼게 만들어주기도 합니다. 이왕 독서를 하겠다면 굳이 졸음을 극복해야 하는 이불 안이 아닌, 책이 자연스럽게 끌리는 환경을 선사해주는 게 효과적이지 않을까요.

집 전체를 책에 집중할 수 있는 환경으로 만들어 보세요. 많은 애독가들이 선택하는 대표적인 일이 TV를 없애는 겁니다. 아니면 거실이 아닌 다른 방으로 옮기는 것도 방법이고요. 대신 거실에 커다란 테이블을 비치합니다. 가족들이 소파에 앉아 TV 프로그램을 보는 공간이 아니라, 널찍한 테이블에 함께 앉아 책을 읽고 대화를 나누는 공간으로 바꾸기 위해서입니다. 거실이 온 가족의 동선이 겹치는 집의 중심이기 때문이죠.

취향에 따라 잔잔한 음악을 틀어 놓고 거실을 일종의 카페처럼 활용하기도 합니다. 이때 음악은 가사가 없는 게 좋습니다. 무의식적으로 가사에 집중하게 되거든요. 클래식, 재즈, 연주곡 등이 좋습니다. 제 경우 계곡 물소리, 파도 소리, 숲속 새소리 등 자연의 소리를 틀어놓을 때도 있습니다. 마음이 편안해지거든요. 배달 오신 분이 상황을 모르고 좀 의아해하시는 일이 있긴 하지만 말이죠. 리모컨 한 번이면 눈길을 끄는 방송 프로그램이 나오고, 수없이 채널을 변경할 수 있는 환경에서 책에 집중하기는 어렵습니다. 굳이 이를 극복하려기보다는 애초에 몰입할 수 있는 환경을 만드세요.

집 전체를 바꾸기 어렵다면 작게나마 자신만의 독서 공간을 따로 만드는 것도 좋습니다. 그것도 힘들다면 책장이라도 스스로 책을 읽고 싶게 변화를 줘보세요. 제 경우 집 크기에 비해 책이 많다 보니 책상 위도 모자라 바닥에까지 책을 잔뜩 쌓아놨었습니다.

도저히 안되겠다 싶어 기존에 있던 책장과 똑같은 디자인의 작은 책장 몇 개를 추가로 구입했습니다. 대신 기존에 쓰지 않는 물건들을 대거 처분했습니다. 바닥에 쌓여 있고 곳곳에 널브러져 있던 책들을 한 곳에 모았습니다. 버릴 건 버리고 나눠줄 건 나눠주며 책 다이어트를 했습니다. 그렇게 남은 책들을 한 곳에 모아 주제별로 분류했습니다. 책장 주위에는 책을 꺼내고 넣는 데 방해되지 않는 작은 인테리어 소품 한두 개만 비치해두고요. 그렇게 주제별로 한 곳에 모아두니 책장만 바라봐도 뿌듯하더군요. 깔끔하게 정리된 책장을 보니 더욱 책을 읽고 싶어졌습니다. 어떤 책들이 있는지 한 눈에 들어오니 그때그때 필요에 따라 책을 펼치는 일이 더 많아졌고요. 책장 근처에 앉아 따뜻한 햇살을 느끼며 차 한 잔 마시고 독서하는 풍미도 즐길 수 있었습니다. 약간의 노력과 단돈 몇만 원으로 생긴 변화였습니다.

각자 현재 처한 상황 안에서 자신의 독서 생활을 즐겁게 만들 수 있도록 공간에 작은 변화를 만들어 보세요. 공부에도 환경이 중요하고 데이트에도 분위기가 중요한 것처럼 독서도 공간이 미치는 영향을 무시할 수 없습니다. 굳이 큰 돈을 들이지 않고도 변화는 충분히 가능합니다.

현명한 사람은 모든 일을 혼자서 해내려고 하지 않습니다. 무언가를 하고자 할 때 내가 할 일과 타인이 할 일을 나눠 협력하거나 위임하고 때로는 포기도 합니다. 공간 역시 마찬가지입니다. 내가 있는 곳을 독서하기 좋은 공간으로 만드는 데 제한이 있다면, 반대로 누군가 만들어 놓은 독서하기 좋은 환경으로 찾아가면 됩니다. 꼭 모든 걸 내가 다 만들 필요가 있겠습니까. 이미 존재하는 곳, 남들이 만들어 놓은 곳을 활용하면 됩니다.

며칠간 몇 권의 책을 안고 파주 출판 도시에 다녀온 적이 있습니다. 파주 출판 도시는 말 그대로 출판 산업을 위한 복합 단지로써, 다양한 출판사 및 관련 기업들이 모여 있는 문화 공간입니다.

책과 관련된 다양한 행사도 열리고 있고요.

제가 그곳에 간 건 단지 안에 있는 게스트하우스, '지지향紙之鄕' 때문이었습니다. 종이의 고향이라는 뜻을 가진, 책을 콘셉트로 한 게스트하우스입니다. 방 이름도 국내 작가 혹은 출판사의 이름으로 되어 있습니다. 안에는 해당 작가나 출판사의 책들이 몇 권씩 비치되어 있고요. 건물 1층에는 '지혜의 숲'이라는 카페 같은 도서관이 있습니다. 집중하기 좋았습니다. 천장도 높고 경치도 시원했습니다. 공간 설계 자체가 책을 중심으로 되어 있어 벽면이 온통 책으로 뒤덮여 있었습니다.

주위 사람들도 모두 책을 읽고 공부하거나 가볍게 담소를 나누며 분위를 즐기고 있었습니다. 누구도 강요하지 않았지만 자연스레 책에 집중하는 문화가 형성되어 있었습니다. 평소 오랫동안 머무르는 집과 사무실에서 벗어나 출판 단지 속 도서관에 앉아 있으니, 잠시 다른 것을 잊고 제 몸과 마음 모두 책에 집중하고 있었습니다. 덕분에 들고 갔던 모든 책들을 꼭꼭 씹어 먹으며 독서를 마음껏 즐길 수 있었습니다.

며칠간의 휴식을 마치고 길을 떠나며 느꼈습니다. 같은 시간 동안 같은 일을 하더라도 내가 속한 환경이 어디냐에 따라 그 양과 질, 넓이와 깊이에는 큰 차이가 있다는 걸 말이죠. 독서뿐만 아니라 어떤 일을 하든 마찬가지입니다. 운동을 할 때는 운동하기 좋은 환경, 새로운 사람을 만날 때는 만남이 이뤄지기 좋은 환경, 내면에 집중할 때는 내면에 집중하기 좋은 환경들이 있습니다. 자신이 하고자 하는 바를 도와주는 환경을 이용한다면 그 효과는 몇 배나 차이가 납니다.

이런 환경은 굳이 멀리 있는 게 아닙니다. 가까운 곳에 위치한 동네 도서관, 분위기 좋고 조용한 카페, 따사한 햇살이 살포시 느껴지는 창가, 신선한 바람을 느낄 수 있는 야외 공원 모두 책을 읽기 좋은 공간입니다. 저 역시 매번 파주 출판 도시와 같은 곳으로 떠나는 게 아닙니다. 잠시 책 몇 권 들고 동네 카페에 들려서 읽기도, 공원 벤치나 동네 놀이터에 앉아 읽을 때도 있습니다. 장시간 집중적으로 파고들 책이 있을 때는 공부 분위기가 형성되어 있는 도서관을 찾기도 합니다. 평소에 자신의 의도를 이루기 좋은 공간들을 수집해놓으세요. 세상이 만들어놓은 공간들을 적절히 이용할 때 우리 삶은 훨씬 풍요로워집니다.

책과 관련된 장소로 여행을 떠나는 것도 방법입니다. 저처럼 출판 단지로 놀러가거나 아니면 매체로만 접했던 이름난 도서관, 중고서점이 모여 있는 거리, 저자의 삶을 느낄 수 있는 여행지로 떠나는 겁니다. 일종의 독서 여행, 북투어입니다. 자신이 좋아하는 저자나 책이 있다면 그 내용과 관련된 곳으로 떠나보세요. 황순원의 『소나기』를 읽고 양평으로, 이효석의 『메밀꽃 필 무렵』을 읽고 봉평으로, 에쿠니 가오리와 츠지 히토나리의 『냉정과 열정사이』를 읽고 이탈리아 피렌체의 두오모 성당으로 가는 것처럼 말이죠.

전국에 개성 있는 작은 서점들이 많습니다. 보관하고 있는 책의 숫자와 종류는 부족하지만 대형 서점에서는 느낄 수 없는 자기만의 개성과 운치가 있습니다. 다른 곳에서는 쉽게 찾아볼 수 없는 독립출판물을 소개해주는 곳도 있고요. 가만히 앉아 책 읽는 게 지겨울 때, 틈틈이 가까운 작은 서점에 들러보세요. 북카페의 모습을 하고 있는 곳이 많으니 마음에 드는 차 한 잔도 함께 즐기면서 말이죠.

개인적으로 작은 서점에서 느끼는 매력 중 하나는 흔히 말하는 큐레이션Curation입니다. 정보를 수집하고 편집해 새로운 가치를 창출하는 것이죠. 지금은 정보가 부족해서가 아니라 넘쳐나서 고민인 시대이지 않습니까. 너무 많은 책 속에서 어떤 책을 골라야 할지가 막막합니다. 작은 서점은 도서를 기존의 방식에 얽매이지 않고 주인 특유의 관점과 색깔로 재배열하고 있습니다. 기획자가 누구냐에 따라 책에 접근하는 방식이 완전히 달라집니다. 자신의 상황에 따라 맞춤별 책을 추천받을 수도 있고, 새로운 테마를 발견할 수도 있습니다. 한 서점에서는 책을 주제가 아닌 빨간색, 파란색, 노란색 등 표지 색상으로 분류해놓기도 했습니다. 제가 생각지도 못한 발상이었습니다. 고정관념을 깨부수더군요.

규모가 작다보니 도서의 양과 물리적 공간이 제한되어 있습니다. 그렇기에 모든 걸 갖춘 대형 서점과는 다른 느낌을 즐길 수 있습니다. 여행을 갈 때 잠시 시간을 내 그 동네의 작은 서점을 찾아가 보세요. 책을 통해, 책과 함께 일상에서 떠나보세요. 강렬한 자극을 받지는 못해도 은은한 풍미는 즐기실 수 있을 겁니다.

매일 반복되는 곳이 아닌 새로운 곳, 분위기 좋은 곳에서 책을 읽는 상상만 해도 기분이 좋아지지 않습니까. 만약 독서를 단순히 정보 습득을 목적으로 하는 행위로만 본다면 사실 이렇게 떠나는 일이 비효율적일 겁니다. 왔다 갔다 하는 시간에 글자 몇 개 더 소화하는 게, 모든 것이 갖춰진 집에 앉아서 책을 읽고 필요한 내용은 노트나 컴퓨터에 바로 기록하는 게, 알아보고 싶은 내용이 있으면 바로 검색해보는 게 훨씬 효율적이거든요.

하지만 책을 읽는다는 건 단순히 글자를 읽고 정보를 습득하는 것만을 목적으로 하는 일이 아닙니다. 책을 손에 잡고 읽으며 느끼는 온 몸의 모든 감각과 감정, 경험도 전부 독서에 포함됩니다. 책을 읽는 여정, 공간, 환경을 즐기는 것 역시 모두 독서의 일부입니다. 그렇기에 굳이 다른 장소도 찾아가고, 때로는 비효율적인 거리를 오가면서 책을 읽는 겁니다. 그 상황, 경험 자체가 독서를 더욱 풍요롭게 만들어주니까요. 본인에게 새로운 독서를 선물하세요. 그런 작은 사치를 허용해주세요. 독서의 대상인 책보다 독서를 하는 당신이 더욱 소중하니까요.

융합으로 다채로운 독서하기

요즘 많은 콘텐츠가 융합되고 있습니다. 하나의 콘텐츠가 형태를 달리함으로써 새로운 가치를 만들어내기도 합니다. 이를 원소스 멀티유즈OSMU, One-Source Multi-Use라고 부릅니다. 잘 만들어진 만화 원작을 바탕으로 영화, 애니메이션, 뮤지컬, 캐릭터 상품, 장난감, 게임 등 새로운 콘텐츠를 만들어내는 게 그 예입니다. 이는 콘텐츠 제작자의 입장에서 상당히 매력적인 전략입니다. 한 분야에서의 성공을 경험 삼아 다른 장르 · 분야도 꾀할 수 있으며, 각 분야가 서로 시너지를 내기도 합니다. 한 번 잘 만들어놓은 콘텐츠로 가치를 극대화할 수 있고요. 어느새 문화 산업의 기본 전략이 되어가고 있습니다.

이런 접근법은 문화 콘텐츠를 만드는 사람뿐만 아니라 구매하는 사람에게도 유용합니다. 하나의 문화 콘텐츠를 다양한 형태,

분야, 장르로 즐기는 겁니다. 영화관의 4DX를 생각해보세요. 영화를 보는데 필요한 기본 감각은 시각과 청각입니다. 4D 영화는 의자의 움직임, 바람, 분사되는 물, 향기, 조명 등을 이용해 관객이 새로운 감각을 느낄 수 있도록 합니다. 하나의 정보를 하나의 감각이 아닌, 오감 전체를 이용해 받아들일 때 우리 몸은 더욱 생생하게 기억하게 됩니다. 같은 영화도 4D를 이용하면 좀 더 입체적으로 즐길 수 있게 되는 거죠.

자신이 즐기고 있는 문화 콘텐츠는 무엇인가요. 책 역시 하나의 문화 콘텐츠입니다. 책과 다양한 형태의 콘텐츠를 연결했을 때 독서가 훨씬 더 풍요롭고 재밌어집니다. 영화, 음악, 공연, 게임 등과 책을 연결하는 겁니다. 저에게 이런 경험을 준 대표적인 작품은《반지의 제왕》입니다. 화려한 스케일과 웅장한 그래픽, 탄탄한 스토리로 유명한 3부작 영화죠. 판타지 영화 사상 처음으로 아카데미 작품상을 탔으며, 미국과 영국 아카데미 시상식을 통틀어 총 52개 부문에서 후보에 올라 24개 부문에서 수상했습니다. 흥행과 작품성을 모두 인정받은 걸작입니다. 하지만 처음부터 영화로 나온 것은 아닙니다. J. R. R. 톨킨이 쓴 같은 제목의 원작 소설을 영화로 만든 것입니다. 이미 20세기 영미문학의 걸작으로 인정받고 있었죠. 이런 작품의 경우 영화와 책을 함께 보면 훨씬 다채롭게 즐길 수 있습니다. 같은 작품을 책으로 봤을 때와 영화로 봤을 때 받는 느낌이 다르거든요. 서로 부족한 점을 보완해주기도, 시너지 효과를 발휘하기도 합니다.

만약 자신이 재밌게 봤던 영화가 있다면 그 원작 소설이나, 아니면 관련된 책을 읽어보는 걸 추천합니다. 원작 소설을 배경으로 하는 영화의 경우, 대부분 제한된 러닝타임으로 인해 일부 스토리를 건너뛰는 경향이 있습니다. 인물 혹은 역사적 배경의 서술, 인물 간의 갈등도 자세한 설명 없이 빠르게 전개되는 경우도 있고요. 이 때 책을 찾아 읽으면 영화로만 봤을 때는 이해할 수 없었던 장면이나 갈등 관계를 이해할 수 있게 됩니다. 각 장면이 의미하는 바나 숨겨진 장치들을 뒤늦게 해석하게 되는 경우도 있고요. 영화와 책이 어떻게 다른지를 비교하는 재미도 있습니다.

순서를 달리 해보면 또 다른 재미를 느낄 수 있습니다. 전 일부러 《반지의 제왕》을 책으로 먼저 읽고 영화를 봤습니다. 영화로 알게 된 뒤 책을 읽는 것과는 사뭇 다른 느낌이었습니다. 영화는 제작자가 인물, 배경의 모습을 정해놓은 뒤 시각과 청각을 이용해 관람객들에게 보여줍니다. 우리는 그 모습을 있는 그대로 받아들여야 합니다. 그만큼 개입할 여지가 부족합니다. 하지만 책에는 글자만 있을 뿐입니다. 글을 읽으며 독자가 자기 나름대로 인물과 배경을 상상해야 합니다. 이 인물은 어떻게 생겼을지, 어떤 분위기를 풍기고 있을지, 배경이 되는 곳은 무슨 색채를 갖고 있을지, 어떤 공간일지 말이죠. 같은 책을 읽고도 독자마다 각기 다른 모습으로 상상할 수밖에 없습니다.

책을 통해 자기만의 그림을 그리게 됩니다. 그래서 독서가 상상력을 키우는 데 도움이 된다고 말하는 겁니다. 책을 먼저 읽은 뒤 영화를 보면 자신이 그린 그림과, 영화를 통해 감독이 그려낸 그림을 비교할 수 있습니다. 영화부터 먼저 봤을 때는 누릴 수 없는 재미죠. "아, 감독은 이 장면을 이렇게 만들었구나." "내가 생각했던 모습과 다른 느낌으로 주인공을 표현했네."와 같은 감탄이 가능합니다. 그리고 책을 통해 전체적인 내용을 어느 정도 파악했기에, 빠르게 넘어가는 장면을 보면서도 영화의 흐름을 이해하는 게 어렵지 않습니다. 제작진이 어떤 의도를 가지고 장면을 연출했는지 잡아낼 수 있는 폭도 넓어집니다.

이런 콘텐츠 간의 연결은 문학 작품에서만 일어나는 게 아닙니다. 자기계발서나 경제 · 경영서, 과학 서적 등도 다른 매체와의 연결 고리가 많아지고 있습니다. 대표적인 채널이 TED와 같은 국내외 강연 프로그램과 다큐멘터리입니다. 어떤 책을 읽어야 할지 모를 때나, 혹은 책 한 권 전체를 읽기 부담스러울 때는 이런 강연 콘텐츠를 찾아보세요. 짧은 시간을 이용해 삶에 유익한 정보를 얻을 수 있습니다.

회사를 다니며 일과 조직 생활에 대한 근본적인 고민이 많았습니다. 돈벌이 외에 나에게 일이란 어떤 의미인지, 앞으로 어떤 일을 하며 살고 싶은지, 내가 속했으면 하거나 운영하고 싶은 조직의 특성은 무엇인지 반복해서 스스로에게 물었습니다. 그러던 중 우연히 TED에서 '위대한 리더들이 행동을 이끌어내는 법How great leaders inspire action'이라는 영상의 제목을 봤습니다. 강연자, 사이먼 사이넥Simon Sinek은 어떤 답을 내놓고 있을지 궁금했습니다. 왠지 제 고민에 대한 아이디어를 얻을 수 있을 것 같았거든요. 바로 시청했습니다.

15분이 넘는 그의 대답은 골든서클Golden Circle이라는 개념으로 요약할 수 있었습니다. 골든서클은 세 개의 원으로 구성된 과녁 모양의 원으로써 Why-How-What으로 구성되어 있습니다. 가장 중심에 있는 원이 Why이고 그다음 큰 원이 How, 마지막이 What 입니다. 3개의 원이 그려져 있는 간단한 형상일 뿐이지만, 영상 제목처럼 위대한 리더들이 사람들의 행동을 이끌어내는 법을 잘 표현하고 있습니다.

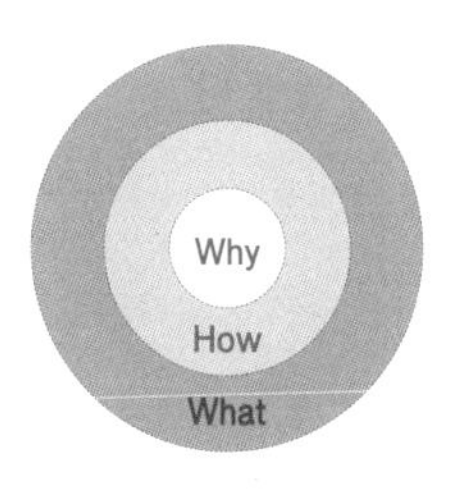

What(무엇을) : 기업과 조직이 제공하는 제품과 서비스

How(어떻게) : 가치를 제공하는 방식

Why(왜) : 존재의 이유, 목적, 신념

대부분의 리더와 조직이 생각하고 행동하고 소통하는 방식은 골든서클의 바깥쪽 원에서부터 출발합니다. '무엇을'에서 시작해 '어떻게'를 거쳐 '왜'로 들어가죠. 바깥쪽 원일수록 좀 더 명료하고 안으로 들어갈수록 애매해지기 때문입니다. 하지만 탁월한 리더와 조직은 반대로 움직입니다. '왜'로 시작해 '어떻게'를 거쳐 '무엇을'을 이야기합니다.

사이먼 사이넥이 골든서클을 설명할 때 자주 언급하는 기업은 '애플'입니다. 유난히 마니아가 많은 회사죠. 추종자들도 있을 정도로 기업과 그 제품에 대한 충성도가 높습니다. 단지 애플의 제품이라는 이유만으로도 구매 의사를 밝히기도 하죠. 그는 이런 현상을 애플이 다른 기업과는 달리 What에 앞서 Why에 초점을 맞췄기 때문이라고 말합니다. 대부분의 기업은 고객에게 자신들의 제품과 서비스를 먼저 어필합니다. 어떤 기능을 갖고 있고, 어떤 핵심 기술이 적용되었고, 스펙SPEC이 얼마나 뛰어나고… 하지만 애플은 그들이 추구하는 가치인 '다르게 생각하라Think Different!'를 먼저 어필합니다. 제품은 그 목적과 신념을 가시화시켜 현실화한 증거품일 뿐이죠.

애플이 만약 What에 해당하는 제품 자체에만 초점을 맞췄다면 어땠을까요. 초창기 개인 컴퓨터로 성공할 수는 있었을 것입니다. 하지만 컴퓨터 제조사라는 인식에서 벗어날 수 있었을까요. 컴퓨터 제조사가 만드는 MP3, 스마트폰, TV, 시계, 이어폰을 우리가 지금처럼 관심을 가지고 이용하려고 달려들까요. 애플이라는 이유만으로 충성도 높은 마니아들을 끌어들이고, 사람들에게 혁신의 이미지를 심어줄 수 있었을까요. 아닙니다. 그저 컴퓨터 잘 만드는 기업에 불과할 뿐, 지금처럼 혁신을 대표하는 위대한 기업이라는 평가를 받진 못했을 것입니다.

> 중요한 것은 단지 '무엇을', '어떻게' 하느냐가 아니다. 더 중요한 것은 '무엇을', '어떻게' 하느냐가 '왜'와 일치하는 것이다. 이 모두가 일치할 때라야 실행한 일이 진실로 최선이 된다.
>
> - 사이먼 사이넥, 『나는 왜 이 일을 하는가』 中

영상을 보며 지금껏 제가 해오던 일, 조직에 대한 고민과 생각이 명쾌하게 정리되는 느낌을 받았습니다. 사람이 일을 하며 돈을 버는 것 자체로도 충분히 가치 있는 일입니다. 다만 저는 일에서 돈을 버는 것 외에 또 다른 의미를 찾고 있었습니다. 당연히 돈을 많이 벌고 싶지만, 제가 정말 의미를 느끼는 일로 돈을 벌고 사회에 기여하고 싶었습니다. 저만의 Why가 필요했던 거죠. 하지만 당시 제 회사 생활에서는 Why는 없고 주구창창 What만 다루고 있는 느낌이 들었습니다. 조직의 Why와 깊은 공감을 이루지 못했고 위대한 리더들과 달리 What-How-Why 순으로 행동하고 있었습니다. 매 순간 머리를 떠나지 않았던 '이걸 왜 하는 걸까?'에 대한 답이 보이지 않았습니다. 그러니 일을 하면서도 성취감을 크게 느끼지 못했고 내면이 공허했습니다.

스스로에게 다시 한 번 Why를 물었습니다. 나는 왜 이 일을 하는가. 어떤 목적과 신념으로 살아가고 있는가. 나아가 현재 내가 속한 조직의 Why는 무엇이며, 앞으로 나는 어떤 Why를 가진 조직을 만들고 싶은가? 영상이 답을 주지는 않았지만, 영상을 통해 생각을 정리할 기준점을 얻을 수 있었습니다. 이후 영상의 내용이 책으로도 나왔다는 사실을 알게 되었습니다. 몇 번을 돌려봐서 기본적인 내용과 사례를 뻔히 알면서도 도서를 주문했습니다. 그 책이 『나는 왜 이 일을 하는가』입니다. 책으로 보니 또 느낌이 달랐습니다. 더 풍부한 사례가 담겨 있었고 저자의 메시지를 좀 더 깊이 있게 다루고 있었습니다. 영상을 통해 저자가 전하고자 하는 핵심 메시지를 알고 있었던지라, 좀 더 여유 있게 책을 즐길 수 있었습니다. 영상과는 달리 스스로 호흡을 조절할 수 있는 독서의 특성상, 조금 더 깊은 생각을 할 수 있었고요.

TED의 인기 영상들은 책으로도 출간되어 있는 경우가 많습니다. TED에서 인기가 많아져 저자가 전체 내용을 책으로 낸 경우도 있고, 삶을 성찰한 내용 혹은 연구 내용을 책으로 낸 뒤 그중 일부를 짧은 시간 동안 TED에서 발표하는 경우도 있습니다. 먼저 저자의 강연 영상을 통해 내용을 살펴본 뒤, 큰 끌림이 생긴다면 책도 구매해서 함께 읽어보세요. 끌림이 있으니 책을 펼치는 게 재밌고, 강연 영상을 통해 어느 정도 내용을 파악했기에 책을 읽는 게 쉬워집니다. 하나의 내용을 영상과 책을 통해 복합적으로 받아들이면서 얻게 되는 학습 효과도 크고요. 저 역시 이렇게 다양한 콘텐츠, 미디어를 통해 복합적으로 즐긴 책일수록 그 내용과 영감이 머릿속에 오래 남아 있는다는 것을 체감합니다. TED나 유튜브 등을 살펴보면 양질의 강연 콘텐츠를 많이 만날 수 있습니다. 책이 부담스럽거나 잠시 지쳤을 때는 영상을 활용해보세요. 그리고 다시 책으로 돌아와 깊게 파고들며 사유하세요.

과거에는 정보를 습득할 수 있는 채널이 책밖에 없었습니다. 지금은 다릅니다. 다양한 채널을 통해 정보를 습득하고 문화생활을 즐길 수 있습니다. 이 모든 것들을 함께 이용하세요. 모든 감각을 활용하세요. 책을 책으로만 만나지 말고 다양한 매체와 연결해보세요. 훨씬 독서가 풍요롭고 다채로워집니다.

영감을 주는 인물로 독서하기

사람이 환경의 영향을 받듯이 환경을 만드는 가장 큰 요인도 결국 사람입니다. 사람과 책이 연결될 때 색다른 배움을 얻을 수 있습니다. 자신에게 영감을 주는 인물을 찾아보세요. 롤모델도 괜찮고 내가 원하는 삶의 모습을 살고 있는 사람, 되고자 하는 모습과 유사한 사람도 괜찮습니다. 연령, 성별, 직업, 국가 불문하고 본받을 점이 있는 사람이라면 모두 좋습니다. 본인의 끌림이 중요합니다. 인물을 정했다면 이제 그 사람에 대해 조사하세요. 어떤 배경에서 성장했고, 어떤 생각과 철학을 갖고 있으며, 어떤 미래를 그리고 있고, 어떤 일을 하고 있는지에 대해 말이죠. 책을 좋아했던 사람이라면 특히 어떤 책을 인상 깊게 읽고 감동받았는지도 알아보세요.

저에게 그런 인물 중 한명이 소프트뱅크 손정의 회장입니다. 그는 재일 교포 3세로 태어나 16살에 미국으로 건너갔고, 무려 한 달 만에 고등학교를 졸업했습니다. 학업을 하며 돈을 벌 방법을 궁리하다 1년에 250여 건의 발명을 해냈고, 번역 장치를 개발해 1백만 달러의 계약금을 받아냈습니다. 일본으로 돌아와 일본 최대 IT기업인 소프트뱅크를 창업했고 알리바바, ARM, 엔비디아 등 미래를 이끌어 갈 글로벌 기업들에 투자하기도 했습니다. 번지도 없는 곳에서 태어나 가난하고도 차별받는 어린 시절을 보냈습니다. 그럼에도 자신의 뜻을 향해 거침없이 나아가는 그의 모습에 많은 감명을 받았습니다. 삶 자체가 경이롭다는 느낌을 준 몇 안 되는 사람 중 한 명입니다.

그의 삶에 대한 자료들을 찾기 시작했습니다. 관련 기사를 찾아 읽고 그와 관련된 영상들을 찾아 시청했습니다. 그에 대해 이야기하는 글들을 검색했습니다. 손정의 회장의 어릴 시절부터 지금처럼 자리를 잡게 될 때까지의 여정이 어느 정도 그려졌습니다. 삶의 궤적을 따라간 거죠. 하지만 그가 어떻게 사고하는지, 인생을 대하는 태도는 어떤지, 철학은 무엇인지 좀 더 알고 싶다는 욕심이 들었습니다. 책을 더 구입했습니다. 반복해서 읽었습니다.

그에 대한 책을 읽을 때마다 계속해서 눈에 들어오는 또 다른 책이 있었습니다. 시바 료타로의 『료마가 간다』라는 일본 소설입니다. 일본의 실제 인물 사카모토 료마의 삶을 그린 장편 역사소설이죠. 손정의 회장 스스로가 이 책을 접하고 본인의 인생관이 달라졌다고 말했습니다. 그가 고등학교를 중퇴하고 미국으로의 유학을 결심했을 때, 병원에 입원해 생사의 갈림길에 섰을 때, 소프트뱅크의 주식을 공개했을 때 정독한 책이기도 합니다. 그가 인생의 기로에 섰을 때마다 펼쳐본 것입니다.

소설 속 주인공인 사카모토 료마는 손정의 회장이 가장 좋아하는 인물이자, 그가 삶을 살아가는 방식을 배우고자 했던 인물입니다. 본인의 회사 로고도 NHK 대하드라마 『료마전』에 나오는 '해원대료마를 중심으로 결성된 사설 조직'의 깃발 두 줄을 보고 영감을 얻어 만들 정도였습니다.

궁금했습니다. 당시 한동안 소설을 읽지 않고 있었음에도 이 책은 꼭 읽어보고 싶었습니다. 당시 잠 잘 시간도 부족할 정도로 일해야 했던 시기였지만 호기심을 막을 수는 없었습니다. 자투리 시간을 이용하는 데 도움이 될 것 같아 이북E-book으로 구입했습니다. 지하철에서 이동할 때, 약속을 앞두고 잠깐 기다릴 때, 잠시 휴식을 취할 때 스마트폰을 꺼내 몇 장씩 읽어갔습니다. 그렇게 작은 시간, 작은 독서가 모여 결국 5개월에 걸쳐 총 8권의 소설을 다 읽을 수 있었습니다. 누군가 억지로 시켰다면 하지 않았을 겁니다. 제게 영감을 준 사람이 영감을 받은 소설이었기에 가능했던 일입니다. 자연스레 호기심이 갔고 끌림이 있었으니까요. 모처럼 재미있게 읽은 소설이었습니다.

더욱 흥미로웠던 건 『료마가 간다』를 읽고 나니 일본 근대화와 사무라이로 호기심이 확장되었다는 것입니다. 사카모토 료마가 도사번 고치성의 최하급 무사 신분으로 태어나 메이지 유신에 큰 영향을 준 인물이거든요. 봉건시대 속에서도 근대적인 사고를 갖고 번과 막부를 뛰어넘어 새로운 일본을 만들려고 했던 사람입니다. 인물에 대한 호기심이 시대적 배경으로까지 확장된 것이죠.

『료마가 간다』를 읽으니 반대로 손정의 회장에 대해서도 좀 더 알게 되었습니다. 그는 강연에서 '탈번'이라는 표현을 쓰고는 했습니다. 처음에는 무슨 뜻인지 몰랐습니다. 책을 읽고 나니 그 의미를 알겠더군요. 탈번은 일본 무사가 소속 집단을 벗어나는 행위를 말합니다. 일종의 배신행위로 여겨졌기에 탈번한 무사는 본인의 처벌은 물론 가족까지 위협받는 일이 많았습니다. 그 무사를 통해 조직의 비밀 정보가 외부로 유출될 수 있었거든요. 막부 말기로 갈수록 탈번하는 무사가 많아지기는 했으나, 그래도 쉽게 결정할 수 있는 일이 아니었죠. 료마는 더 큰 세계로 나가 뜻을 펼치고자 탈번을 선택했고, 손정의 역시 반대하는 가족을 뒤로한 채

미국으로 유학을 갔습니다. 어린 손정의가 비슷한 상황에 처한 료마의 삶을 보며 용기를 얻은 거죠.

료마는 번에서 지위가 낮은 하급 무사였습니다. 게다가 탈번까지 했습니다. 어딜 가도 인정받기 어려운 위치였죠. 높은 위치를 가진 것도, 막대한 자본을 가진 것도 아니었으니까요. 하지만 어디에도 개의치 않고 뜻을 같이하는 사람들을 모아 일본의 변화를 이끌어냅니다. 돈, 지위, 명예를 떠나 많은 사람들을 돕겠다는 자신의 뜻을 위해 묵묵히 길을 걸어갑니다. 손정의 역시 어릴 때부터 국적과 가정환경에 대한 열등감을 가졌을 것입니다. 그나마 교사라는 꿈을 가졌으나 재일교포는 선생님은 물론 교육 공무원도 될 수 없다는 사실에 좌절하기도 했고요. 하지만 료마를 보며 동질감을 느낌과 동시에 이런 열등감은 아무것도 아니라는 사실을 깨닫습니다. 그는 주어진 현실에 좌절하며 포기하지 않고 자신만의 인생을 그려나가며, 2011년 일본 대지진 당시 개인 자산 100억 엔을 기부할 정도의 일본 제일의 부자가 되었습니다.

"한 번밖에 없는 인생이니 후회하고 싶지 않습니다. 과감하게 일을 벌이는 쪽이 훨씬 재미있지 않나요. 인생의 막을 내릴 때, '아, 내 삶은 참으로 보람된 삶이었다'라고 느낄 수 있는, 그런 삶을 살고 싶습니다." - 이노우에 아쓰오, 『일본의 제일부자 손정의』 中

자신에게 영감을 주는 인물을 찾아보세요. 그 사람의 책이나 그와 관련된 책을 읽어 보세요. 그 사람이 읽었던 책을 읽으며 본인의 느낌과 당시 그가 가졌을 생각과 느낌을 비교해보세요. 독서가 재밌어집니다. 꼭 실존 인물이 아니어도 괜찮습니다. 좋아하는 드라마 속 주인공을 대상으로 해도 좋습니다. 드라마를 보다보면 주인공이 특정 책을 읽는 장면이 나오기도 합니다. 서재에서 특정 책을 꺼내기도 하고요. 간접 광고일 때도 있지만, 그 책을 살펴보면 주인공의 감정선을 이해하는 데 도움이 됩니다. 마치 재연 배우가 된 것처럼 드라마 속 주인공의 상황에 이입해 책을 읽어보세요. 어찌 되었든 그냥 책을 읽어야 하니까 읽을 때와, 드라마의 장면을 떠올리며 읽을 때의 독서의 재미는 다릅니다.

사람과 책을 연결하는 또 다른 방법이 있습니다. 자신이 마치 특정 인물이 된 것처럼 떠올리는 것입니다. 교육심리학에서는 이를 모델링Modeling이라고 합니다. 자신이 좋아하거나 본받고 싶은 저자를 정하세요. 소설이나 동화 속 주인공을 선택해도 좋습니다. 실존 인물인지 아닌지는 중요하지 않습니다. 가상 인물일지라도 그 사람의 모습과 사고관을 구체적으로 떠올릴 수만 있으면 됩니다. 정하셨나요. 그럼 이제 자신이 마치 그 인물이 된 것처럼 상상해보세요. 어떤 모습인가요. 어떻게 생각하고 말하고 행동하나요.

상상 속 그림을 그려보세요.

구체적으로 떠오른 그림이 있다면, 이제 다시 내 삶으로 돌아오세요. 다만 기존에 내가 갖고 있던 관점이 아니라, 모델링한 인물의 관점으로 자신의 일상을 주목해보세요. 그였다면 지금 내가 처한 상황에 어떻게 반응했을까요. 무엇을 바라보고 어떻게 행동했을까요. 똑같은 책을 읽더라도 어떤 마음으로 읽고 있을까요. 평소와는 다른 느낌이 들 것입니다. 일종의 모방입니다. 나에게 영감을 주는 인물의 관점을 잠시 빌리는 겁니다. 관점을 바꾸면 그냥 지나쳤던 것들이 보이기 시작합니다. 지금껏 답습했던 과거에서 벗어나 새로운 기회를 가질 수 있습니다. 그만큼 성장하고 삶이 풍요로워질 가능성이 커지는 거죠.

고민이 있거나 풀리지 않는 문제가 있을 때 모델링 기법을 활용해보세요. 나에게 영감을 주는 인물들 중에서 현재 내가 처한 상황을 가장 슬기롭게 헤쳐 나갈 듯한 인물을 선택하세요. 이제 그 인물을 모델링하세요. 그 사람이라면 어떻게 생각하고 행동할지 상상해보세요. 나에게 긍정적인 영향을 주는 인물이기에 모델링하는 것만으로도 활력과 에너지, 용기를 얻을 수 있습니다.

책을 통해 저자 읽기

좋아하는 작가, 영감과 호기심을 주는 저자가 있나요. 사람을 통해 책에 접근할 수도 있지만, 반대로 책을 통해 사람에 접근할 수도 있습니다. 대표적인 방법은 저자를 알아보는 일입니다. 한 번쯤은 책을 읽는 데서 그치지 말고 책을 쓴 작가를 알아보세요. 책을 통해 대화를 나눌 때와는 또 다른 재미와 배움이 있습니다. 저자를 이해하면 책에서 더 많은 것을 볼 수 있고 내용의 의미를 더욱 깊게 이해할 수 있으며, 저자의 삶 자체에서 새로운 영감을 얻을 수 있거든요.

대학 시절, 친한 동기 한 명과 이런저런 이야기를 나누다 우연히 웃어른들에게 책을 추천받았다는 말을 들었습니다. 한 권의 책이 아니라 한 명의 저자였죠. 피터 드러커였습니다. 그는 현대 경영학을 창시했다고 평가받는 학자이자 작가고, 교수이자 컨설턴트입니다. 친구는 이 분의 책을 꼭 읽어보라는 추천을 받았다며 도서관에서 관련 책을 빌리러 갈 거라고 했습니다.

'그렇구나' 하고 넘겼습니다. 동기가 추천받은 거지 제가 받은 것도 아니고, 그 당시 관심 있는 책을 찾아보기도 바빴으니까요. 왠지 딱딱하고 무거운 느낌이 들어 손이 가지 않았습니다. 그런데 시간이 지나 여러 자기계발서, 경제 · 경영서, 칼럼, 기사를 보는 데 계속 피터 드러커라는 이름이 눈에 들어오는 겁니다. 도대체 얼마나 대단한 사람이고 어떤 말을 하기에 이렇게 눈에 띄는 건가 궁금했습니다. 이름을 처음 들어본지 몇 년이 지나서야 그의 책을 읽어보게 되었습니다.

딱히 재미는 없었습니다. 당시 저에게는 쉽고 빠르게 읽어내려갈 수 있는 책이 아니었습니다. 끊임없이 생각하고 고민하며 이해해야 되는 어려운 책이었습니다. 기업의 경영 방식과 사회 환경에 대해 이야기하는 데 각종 용어들도 익숙하지 않았습니다. 여러모로 낯선 책이었죠. 그런데 한 가지 인상 깊은 게 있었습니다. 지식사회를 살아가는 우리는 지식 근로자며, 지식 근로자 모두는 단순 노동자가 아니라 스스로 경영자가 되어야 한다는 점이었습니다. 그리고 피터 드러커 본인이 누구보다 이 역할에 충실했습니다.

그는 스스로를 어느 한 분야로 규정하지 않았습니다. 기성 학문 체계로 자신을 얽매지 않고 다양한 분야를 섭렵했습니다. 사회, 정치, 행정, 경제, 통계, 경영, 국제 관계, 종교, 역사, 철학, 윤리, 문학, 기술, 미술, 교육… 열거하기도 어려울 정도입니다. 실제로 그는 2~3년에 하나씩 새로운 영역을 철저히 연구했다고 합니다. 더 대단한 건 그 습관을 무려 70년 이상 유지한 것입니다. 2~3년 동안은 해당 분야에 철저히 집중하되, 그 과정을 70년 이상 반복하며 계속해서 낯선 지식을 받아들였습니다. 그럼 어떻게 될까요. 서로 다른 분야의 다양한 지식이 만나 서로 융합되기도, 커다란 폭발을 일으키기도 합니다.

피터 드러커는 그런 지적 융합과 폭발을 바탕으로 자기만의 지식 콘텐츠를 만들었습니다. 교수로서 강의만 한 것이 아닙니다. 제너럴 모터스와 같은 기업을 컨설팅하고, 하버드 비즈니스 리뷰나 월스트리트 저널과 같은 매체에 글을 쓰며 30여 권의 책을 썼습니다. 그럼으로써 사회에 공헌하고 성과를 냈습니다. 이런 그의 삶이 사람들에게 많은 울림과 영감을 주었습니다. 피터 드러커의 학문과 사상을 추종하는 사람들을 '드러커리언'이라 부르기도 합니다. 심지어 그를 연구하는 학회도 존재하고요.

대학을 졸업하고 좋은 기업에 들어간다고 해서 삶이 끝나는 게 아니었습니다. 누구도 제게 고용을 보장해주지 않으며, 설령 정년에 은퇴를 하더라도 결국 자기 일을 해야 하는 시대입니다. 게다가 흔히 말하는 대기업에 들어가는 것만이 삶을 살아가는 유일한 방식이 아니고요.

그럼 앞으로 어떻게 살 것이냐. 이 질문에 대한 답을 얻지는 못했지만 그의 삶은 저에게 좋은 모델이 되었습니다. 끊임없이 공부하고 연구하며 자신만의 지식 콘텐츠를 만들고, 이를 바탕으로 일을 하며 사회에 공헌하는 겁니다. 그는 교수이면서 컨설팅도 하고 고문 역할도 맡고 글도 쓰고 책도 냈습니다. 자기 콘텐츠가 있다면 꼭 어느 한 조직에 얽매일 필요가 없습니다. 조직에 얽매이는 것이 아니라 조직과 협력하는 것이죠. 소속된 조직이 어디냐에 상관없이 스스로 경영자가 되는 겁니다.

그때부터 제가 알고 있던 유일한 진로에 균열이 생겼습니다. 대기업 직장인이 되는 것에서 그치는 게 아니라 또 다른 삶을 그려볼 수 있게 되었습니다. 그 작은 균열이 걷잡을 수 없이 커진 걸까요. 지금은 과거엔 생각도 못했던 삶을 살고 있습니다. 글쓰기를 싫어했던 사람이 10년 째 블로그에 일상을 끄적여왔고, 일기 숙제조차 제대로 하지 못했던 사람이 책을 쓴 저자가 되었습니다. 남 앞에 서는 걸 싫어했던 내향적인 사람이 수십 명, 수백 명 앞에서 강의를 하고, 영상을 찍어 유튜브에 업로드하고 있습니다. 전공과는 상관없지만 끌리는 분야가 있으면 연구해보고 콘텐츠로 만들어 사람들과 나누고 있습니다.

피터 드러커의 책 여러 권을 보유하고 있습니다. 읽었던 책도 다시 한 번씩 읽고는 합니다. 제가 처해있는 상황과 지금 안고 있는 질문에 따라 매번 다른 아이디어를 얻습니다. 그런데 어쩌면, 책에 담겨있는 내용보다 그의 삶 자체가 저에게 준 영향이 더 클지도 모르겠습니다. 제가 갖고 있는 틀에 균열을 내 또 다른 삶을 살아갈 수 있는 계기를 만들어줬으니까요.

요즘은 저자와 마주칠 수 있는 기회가 많습니다. 온라인과 오프라인 두 가지 경로를 통해 말이죠. 많은 저자들이 SNS나 개인 홈페이지, 블로그 등을 통해 독자들과 소통하고 있습니다. 저자는 책을 통해 자신의 이야기와 생각을 전하는 사람입니다. 한 번 나온 책은 그 이야기와 생각이 고정되어 있죠. 반면 온라인 매체를 통해서는 실시간으로 자신의 이야기와 생각을 전하고 있습니다. 책에 비해 상대적으로 비정제된 정보들입니다. 그만큼 생생합니다. 날 것 그대로의 맛이 있죠. 책으로 접했을 때와는 다른 영감을 줄 것입니다.

오프라인에서 작가와의 만남, 북콘서트, 강연회 등 저자가 활동하는 행사들이 점점 더 많아지고 있습니다. 저자의 실제 목소리로 듣는 이야기는 활자로 나온 그것과는 또 다른 울림을 줍니다. 어떤 매개체를 통하지 않고 사람에게서 직접적으로 느껴지는 기운도 무시할 수 없는 요소입니다. 직접 만나보면 영상을 통해 보는 것과도 다른 느낌을 받더군요. 본인이 조금만 용기를 낸다면 저자에게 궁금했던 내용을 직접 물어볼 수도 있습니다. 생각 외로 직접 이야기를 나눌 수 있는 기회가 많습니다. 조금만 분주히 움직인다면 말이죠.

꾸준히 책을 읽고 블로그에 기록을 남기고 있습니다. 이 외에도 여러 온라인 미디어를 꾸준히 사용하고 있고요. 그러다 보니 책의 저자들과 온라인에서 만나게 되는 일이 많습니다. 제가 남긴 북리뷰에 저자들이 찾아와 댓글을 남기기도 하고, 때로는 쪽지와 메시지로 연락이 와 이야기를 주고받을 때도 있습니다. 실제 오프라인에서 만나기도 합니다. 한 번은 며칠 전 읽은 책의 저자께서 제가 운영하는 블로그에 자신의 연락처를 남긴 적이 있습니다. 만나보고 싶다며 말이죠. 근무 중 잠시 쉬는 시간을 이용해 연락을 드렸고, 뜻이 통했는지 다음날 오전에 바로 뵙고 대화를 나눌 수 있었습니다.

출판기념회 행사에 찾아갔다가 저자와 지인이 되는 경우도 있었습니다. 행사가 모두 끝난 뒤, 그냥 집에 돌아가지 않고 잠시 남아서 저자께 인사를 드렸습니다. 몇 마디 나누다가 그날 바로 소셜 미디어 친구가 되었습니다. 온라인 상에서 몇 차례 소통하다가 아예 오프라인에서 따로 뵙고 대화를 나누기도 했습니다. 그러다 지인이 되었고요. 저자도 결국 사람입니다. 사람과 사람의 인연이 어떻게 될지는 아무도 모르는 일입니다.

책을 읽는 데서 그치지 않고 그 책을 쓴 작가와 연결되다 보면 독서만으로는 얻지 못했던 정보와 영감을 얻을 수도 있습니다. 영화에는 감독판 필름이 따로 있습니다. 촬영은 했으나 편집 과정에서 삭제된 내용들, 실제 상영된 영화에서는 볼 수 없었던 내용들이 추가되어 있습니다. 책도 비슷합니다. 실제 책 한 권이 나오기 위해 편집하는 과정에서 수많은 원고 내용들이 수정되고 삭제됩니다. 충분히 내용이 좋지만 전체 콘셉트, 흐름과 맞지 않아 싣지 못하는 원고도 많습니다. 너무 아까운 정보와 이야기들이죠. 저자를 만나 직접 이야기를 듣다 보면 때로는 이런 내용에 대해서도 알 수 있게 됩니다. 시중에 나와 있지 않는 감독판을 보는 겁니다.

또한 출판 과정에서의 저자의 비하인드 스토리, 책을 내기까지의 과정, 활자로는 표현하지 못한 저자의 감정, 차마 책에는 담을 수 없었던 살아있는 이야기, 때로는 출판 과정에서 달라진 저자의 원래 의도에 대해서도 대화를 나눌 수 있습니다. 또 영화에 비유하자면 메이킹 필름Making film이 되겠네요. 언어라는 건 기본적으로 한계를 갖고 있습니다. 실제로 존재하는 물체, 감정, 느낌을 100% 있는 그대로 상대방에게 전달할 수 없습니다. 직접 만나 글이 아닌 말, 말을 포함한 느낌으로 소통하다보면 저자가 전하고픈 메시지를 좀 더 온전하게 알게 됩니다.

저자로부터 책의 내용을 이해하고 한층 더 성장하는 데 도움이 될 만한 다른 책들을 소개받은 적도 있습니다. 저자가 지금까지의 삶을 살아오며 한 권의 책을 남기는 과정에서 수많은 책을 읽었을 겁니다. 수많은 인생 공부와 시행착오 끝에 선별해준 것이라면, 독자에게도 도움이 될 고급 정보일 확률이 높습니다. 그 분야의 정수가 담긴 책일 가능성이 큰 것입니다.

울림을 주는 작가라면 그 사람이 저술한 다른 책들도 함께 살펴보세요. 처음 쓴 작품부터 가장 최근작까지 시간 순으로 읽어봐도 좋습니다. 하나의 책에는 그 저자의 삶이 담겨 있습니다. 삶이 계속해서 변하고 사람이 성장하는 만큼 그가 저술하는 책 역시 계속해서 성장합니다. 관점과 신념도 변하고 누적되는 배움의 깊이도 달라집니다. 때로는 과거 자신의 생각과 글을 스스로 부정하고 깨부수기도 합니다. 한 사람이 써내려가는 작품의 궤적을 살펴보면 그가 성장하는 과정과 삶의 흐름을 읽을 수 있습니다. 한 사람의 인생이 다가오는 일이죠.

사람이 책을 만듭니다. 책은 그 사람의 투영입니다. 책을 쓴 사람과 연결되어 보세요. 책이라는 매체를 통해 저자의 삶에 간접적으로 연결되었다면, 이제는 직접 저자의 삶으로 끈을 연결해보세요. 또 다른 기회와 배움을 얻을 수 있습니다.

자기표현으로 만드는 독서 습관

세상의 변화를 이끄는 산업의 발전 과정을 살펴보던 중 재미난 패턴을 하나 발견했습니다. 거품입니다. 처음에는 욕조에 풀어놓은 입욕제마냥 급속히 산업의 규모가 커집니다. 하루에도 수십 번씩 미디어의 조명을 받고, 거대한 자본이 들어오고, 수많은 사람들이 잔뜩 기대와 꿈을 안은 채 달려듭니다. 당연히 허점도 많고 실속은 부족하죠. 처음에는 부풀어 오른 거품이 실체인 것처럼 환호하지만 어느새 제자리를 찾게 됩니다. 말 그대로 거품처럼 사라지죠.

거품이 무조건 나쁜 것일까요. 반드시 그렇게만 볼 수는 없습니다. 장단점이 함께 존재합니다. 나타났다가 꺼지는 과정에서 배우는 게 있거든요. 자본이 몰려들면서 투자가 이뤄지고, 사람들의 수많은 도전 끝에 경험이 쌓이고, 미디어의 조명으로 인해 사회적 논의가 이뤄집니다. 그 안에서 거품처럼 사라지는 것도 많지만, 그렇기에 옥석이 가려지기도 합니다. 이 모든 과정을 거쳐 산업은 질적 · 양적으로 성장하게 됩니다. 결국 세상의 변화가 일어나고요. 만약 거품이 두려워 모두가 움츠리고 있었다면, 아무런 혁신도 일어나지 않았을 것입니다.

독서 생활에 의도적으로 거품을 만들어보는 건 어떨까요. 대표적인 방법이 책을 읽고 마음껏 자기표현을 하는 것입니다. 블로그에 글을 적든 소셜 미디어에 사진을 찍어 올리든 주위 사람들에게 이야기를 하든 다양한 방법으로 말이죠. 어떤 책을 읽었고 어떤 내용이 있었고 어떤 느낌을 받았는지 떠오르는 대로 마음껏 발산해보세요. 어려운 책 읽었다고 허세를 부려도 좋고, 책에서 받은 감동을 오글거리게 표현해도 좋습니다. 책을 통해 얻은 게 무엇이든 혼자서만 간직하지 말고 사람들과 나눠보세요. 누군가는 이를 과시라고 생각할 수도 있습니다. 괜찮습니다, 과시하세요. 허영처럼 보여도 괜찮습니다. 거품이라 욕해도 거품을 내세요. 빈틈이 많고 가벼워 보여도 괜찮습니다. 스스로에게 실수할 수 있는 자유를 허용해주세요.

우리는 겸손을 오해합니다. 벼는 익을수록 고개를 숙인다고 하죠. 맞습니다. 하지만 새싹은 고개를 숙여서는 안 되는 겁니다. 빳

빳하게 고개를 들이밀며 머리를 덮은 흙을 밀어내고 태양빛을 받아야 합니다. 줄기를 높이고 마음껏 잎을 펼쳐 에너지를 얻어야 합니다. 그 다음에 열매를 맺고 익었을 때에야 고개를 숙이는 겁니다.

다들 독서의 효과를 이야기하죠. 그런데 책만큼 바로 효과를 체험하기 힘든 상품도 없을 것입니다. 책 한 권을 열심히 읽어도 "그래서 뭐가 변했니?"라고 물으면 막상 대답할 게 떠오르지 않잖아요. 당장 돈이 생긴 것도, 스펙이 쌓인 것도, 외모가 달라지는 것도, 없던 능력이 생긴 것도 아니거든요. 마음속에 변화를 위한 작은 씨앗이 생겼어도, 그게 당장 눈에 보이는 결과는 아닙니다. 당장 가시적으로 드러나는 효과가 없습니다. 그러니 재미가 없습니다. 독서는 꾸준히 쌓였을 때 삶을 변화시키는 힘이 되지만, 사람은 지금 당장 느낄 수 있는 결과를 바라거든요.

여기에 독서를 습관으로 만들기 어려운 이유가 담겨 있습니다. 습관을 형성하기 위한 중요한 요인 중 하나가 '피드백' 입니다. 피드백이 얼마나 직접적으로 빠르게 오는지는 습관 형성이 큰 역할을 합니다. 사람은 어떤 계기를 통해 행동을 합니다. 그 행동에 대한 보상, 즉 피드백이 있을 때 성취감과 만족감, 재미를 느낍니다.

독서는 어떤가요. 성공한 사람의 외부 강연을 듣고 동기 부여를 받았거나, 새해 첫날 의욕을 불태우면서 책을 펼칩니다. 열심히 읽습니다. 마지막 장을 덮습니다. 바로 느껴지는 피드백이 있나요. 원하는 결과가 바로 나타났나요. 재테크 도서 읽었다고 돈이 생기지 않고, 운동 책 읽었다고 몸이 좋아지지 않고, 자기계발서 읽었다고 없던 재능이 생기지 않습니다. 경영 서적 읽었다고 기업의 실적이 좋아지는 것도 아니고요.

반면 우리는 유혹하는 대상, 중독을 일으키는 대상은 행동에 대한 피드백이 기가 막힐 정도로 빠릅니다. 야식을 생각해볼까요. 늦은 밤, 음식을 입에 가져다 대는 순간 혀와 코를 자극하는 풍미가 있습니다. 조금만 지나면 배에서는 풍족함이 느껴집니다. 게임도 그렇습니다. 내가 조작을 하는 순간 바로 화면상에 움직임이 있고 결과가 나옵니다. 몰입하게 되죠. 40년간 몰입을 연구한 미하이 칙센트미하이Mihaly Csikszentmihalyi 교수는 몰입의 3가지 조건을 명확한 목표, 난이도, 피드백이라고 말합니다. 그만큼 피드백은 사람이 무언가에 빠져드는 데 중요한 요인입니다.

제가 블로그에 글을 끄적이며 자기표현하는 활동이 이런 피드백의 역할을 했습니다. 책의 마지막 장을 덮어도 무언가 채울 수 없는 공허함이 있었습니다. 읽긴 읽었는데 그래서 뭐가 달라졌나 싶은 거죠. 아쉬운 마음에 한 권씩 책을 읽을 때마다 그 내용이나 감상을 글로 남겼습니다. 간단한 도서 정보도 연결하고, 사진도 찍어서 올렸고요. 그러자 무언가 쌓여가는 기분이 들었습니다. 독서를 수집하고 배움을 축적하는 느낌이 들었습니다. 가시적으로 표현할 수 없는 독서의 효과를 마치 제 두 눈으로 보고 있는 것 같았습니다.

어릴 적 "참 잘했어요"라고 쓰여 있는 스티커가 있었습니다. 칭찬 받을 만한 일을 했을 때 선생님이 나눠준 스티커였습니다. 스티커를 하나씩 받을 때마다 음식점 쿠폰 찍듯이 포도송이 혹은 나무 모양의 공간을 채워갔습니다. 그러다 정해진 양을 다 채우면 선물을 받기도 했고요. 따뜻한 칭찬 한마디만으로도 기분 좋았지만, 이렇게 무언가를 채워나가는 게 눈으로 보였을 때 더 즐거웠습니다. 이건 어른도 마찬가지입니다. 어린 아이의 순수한 마음은 어른 모두가 갖고 있습니다. 그게 가식 없는 본성이거든요.

한 편씩 끄적여놓은 기록이 늘어날 때마다 마치 독서를 통해 제 내공이라도 늘어나는 느낌이었습니다. 그렇게 쌓여가는 기록을 보며 뿌듯했습니다. 생각날 때 다시 살펴보면서 책의 내용들을 쉽게 떠올릴 수도 있었고요. 게다가 이런 활동을 반복하자 조금씩 타인의 피드백도 생겼습니다. 찾아와서 글을 읽고 공감 버튼을 누르는 사람도, 댓글로 자신의 의견을 남기는 사람도 있었습니다. 함께 읽으면 좋은 책이나 제가 놓쳤던 내용을 알려주는 사람도 있었고요. 때로는 그 책을 쓴 저자나 출판사에서 연락을 주기도 했습니다. 제 독서에 대한 피드백이 내부적으로도 외부적으로도 수시로 일어나고 있는 겁니다. 그러니 독서가 더욱 즐거워질 수밖에 없죠.

뻔뻔하게 자신을 드러내고 과감하게 느낌을 표현하세요. 오글거려도 괜찮습니다. 생생함이 있으니까요. 부족해도 괜찮습니다. 아름다운 치기입니다. 아직은 민망하더라도 그 민망함을 조금만 감수하면 새로운 재미를 맛볼 수 있습니다. 사람은 기본적으로 표현하고 싶은 욕구를 갖고 있습니다. 창작과 예술이 결코 사라질 수 없는 이유입니다. 비록 과시와 허영일지라도 이를 통해 독서생활이 즐거워진다면, 피드백을 통해 습관을 만들 수 있다면 충분히 해볼 만한 일입니다.

책 읽고 떠들기, 읽지도 않고 떠들기

독서를 한다는 건 새로운 세계를 만나는 것과 같습니다. 저자의 세계관에 독자가 접속하는 일이거든요. 서로 다른 세계관이 연결되면 어떤 일이 생기겠습니까. 때로는 갈등도 생기고 마찰도 일어납니다. 불편하죠. 하지만 그 불편함 때문에 독서가 매력적인 겁니다. 기존의 것들이 부서지고 깨지고 섞이면서 새로운 창조물이 피어나거든요.

그 창조의 과정을 더 가속할 수 있는 방법이 있습니다. 여러 사람과 함께 읽는 겁니다. 독서 모임에 참여하거나 지인 몇 명이 같은 책을 읽고 각기 다른 생각을 나눠보고, 서로 다른 책을 읽고 한 가지 주제로 대화해보세요. 조용한 곳에 홀로 앉아 읽고 느끼고 사색하는 것도 독서지만, 이렇게 함께 웃고 떠들고 이야기를 주고받는 것도 독서의 연장선입니다.

앞서 독서를 한다는 건 새로운 세계를 만나는 것과 같다고 했죠. 모든 사람은 각자의 세계관을 갖고 있습니다. 모임을 통해 이야기를 주고받는 과정에서 저자와 나의 세계관은 물론, 참여하는 모든 구성원의 세계관이 신경망처럼 연결됩니다. 서로 다른 것들의 낯선 마주침이 더욱 늘어나는 거죠. 그만큼 불꽃도 튀겠지만, 그만큼 새로운 아이디어도 늘어납니다.

자포스의 창업자 토니 셰이Tony Hsieh는 자신이 만든 회사를 미국 최대 전자상거래 기업 아마존에 매각했습니다. 당시 인수 대금이 무려 12억 달러였습니다. 처음에는 동네 가게에서 찍은 신발 사진들을 웹사이트에 올려 판매하면서 시작했던 회사였는데 말이죠. 토니 셰이는 그중 3억 5000만 달러의 사재를 털어 네바다주 라스베가스의 낙후된 도심에 과감한 투자를 합니다. 라스베가스라고 하니 화려한 곳이라 생각할 수도 있지만, 사실 문 닫은 카지노 모텔이 즐비한 구도심이었죠. 그는 거리를 단장하고 공원과 공연장을 만들고 젊은 창업가들을 모아 그들을 지원했습니다. 무료로 이용할 수 있는 레스토랑과 바도 만들고, 주민들에게 무이자로 돈을 빌려줘 작은 가게를 차릴 수 있도록 했고요. 굳이 그렇게 한 이유는 무엇일까요?

그는 혁신이란 기술자와 기술자가 만났을 때가 아니라 서로 다른 문화와 배경과 생각을 가진 사람들이 한데 섞였을 때 이뤄진다고 믿었습니다. 구도심에 과감한 투자를 했던 건 서로 다른 사람들이 같은 생활공간에서 마주치고 부대끼고 나누고 협업하도록 만들기 위해서였죠. 땅과 건물을 매입하고 레스토랑과 같은 스몰 비즈니스, 교육 · 문화, 스타트업 유치에 투자했습니다. 예술가와 전문가들이 모여 어울릴 수 있는 환경과 문화를 만들었습니다. 그 안에서 더 많은 마주침Collision이 있을 때 세상을 뒤집는 혁신이 나오고, 새로운 경제와 문화 생태계가 구축되기 때문입니다. 사람은 결국 함께 어우러져야 합니다.

인터넷에 많이 떠돌던 사진입니다. 보고 무엇이 느껴지시나요?

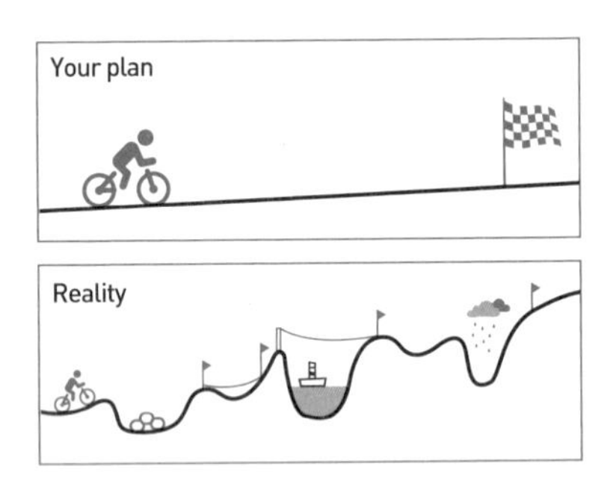

이 사진은 사람들이 세우는 계획과 실제 현실이 얼마나 다른지를 보여줍니다. 계획을 세울 때는 이상적이고 평탄한 시나리오를 꿈꾸고 그립니다. 막상 계획을 실행하다 보면 우후죽순으로 생기는 예상치 못한 변수들과 마주하게 됩니다. 애초 계획대로 되지 않죠. 이상과 현실이 다르다는 걸 깨닫게 됩니다. 처음 생각했던 것에 비해 시간과 돈, 노력도 몇 배가 들고요.

사람들이 이 사진을 보고 고개를 끄덕이고 미소를 짓고 "맞아 맞아" 하며 공감하는 건 사람들의 반복된 패턴을 압축된 사진 한 장으로 잘 나타냈기 때문입니다.

꾸준히 운영하고 있는 주말 자기계발 모임이 있습니다. 함께 참여하고 있는 멤버들에게 이 사진을 보여드렸습니다. 마침 계획에 대해 이야기를 나누고 있었거든요. 그런데 재미난 반응을 보이는 멤버가 있었습니다. '카스파파'라는 닉네임으로 직장에 다니며 투자를 병행하고 책을 쓰는 등 다양한 도전을 하는 분입니다.

"딱 봐도 밑의 사진이 재밌어 보이네요."

목적지로 가는 길이 평탄한 사진이 아니라, 오르막과 내리막이 반복되고 다리, 돌, 웅덩이, 구름, 눈까지 있는 장애물 가득한 사진이 재밌어 보인다는 겁니다. 어떻게 이런 반응이 나온 걸까요. 그 분의 생각은, 당연히 결과도 좋으면 좋겠지만 결과보다 더 중요한 건 과정이 즐거워야 한다는 겁니다. 비록 시행착오도 겪고 돌아갈 때도 있겠지만, 그 과정이 있기에 결과가 더 값질 수 있고요. 그런 관점으로 삶을 바라보고 있으니 같은 사진을 보고도 평균과는 다른 반응이 나온 겁니다. 그분에게는 사진 속에 장애물로 표현된 요소들이 오히려 즐길 거리가 됩니다. 다른 관점으로 바라본다면 사진 속 장애물은 더 이상 장애물이 아닙니다. 즐길 수 있는 자연 경관이자 레포츠 수단이 되죠.

서로 다른 사람이 모였을 때 이런 재미난 일들이 생깁니다. 사람마다 살아온 인생이 다릅니다. 그렇기에 관점 역시 다 다릅니다. 같은 것을 보고도 다른 해석을 하게 되죠. 책을 혼자 읽으면 나와 다른 저자의 관점을 이해할 수 있지만, 함께 읽으면 저자를 포함한 다수의 관점을 이해할 수 있습니다. 책 하나로 여러 세계를 맛보는 겁니다. 그만큼 내 사고 방식과 행동 패턴이 유연해질 수 있습니다. 이해할 수 있는 세상의 폭, 관점의 다양성이 넓어졌으니까요.

또한 자기 관점에만 매몰되는 일도 예방할 수 있습니다. 히틀러는 독서가다 못해 독서광이었습니다. 그는 전쟁 중에도 책을 놓지 않았습니다. 그의 서재에는 무려 1만 6천여 권의 책이 있었습니다. 히틀러는 누구보다 열심히 책을 읽었습니다. 성서는 물론 다양한 문학 작품까지 두루 읽었고요. 풍부한 독서량이 있었으니 분명 아는 것도 많고 세상을 바라보는 지혜도 있었어야 합니다. 과연 그럴까요?

세상을 전쟁으로 몰아넣은 그를 과연 지혜로운 사람이라고 말할 수 있을까요. 그가 훌륭한 삶을 살았다고 볼 수 있을까요. 아닙니다. 그는 분명 열심히 책을 읽었습니다. 다양한 책을 읽었습니다. 문제는 그 많은 책을 통해 얻은 지식을 자신의 관점을 공고히 하는 데 이용했다는 겁니다. 책을 통해 많은 정보를 얻는 일은 해냈지만, 다양한 관점을 균형 있게 갖는 일에는 실패한 것입니다. 그러니 극단적으로 치우친 사건을 저지른 것이죠.

사람은 사람과 부딪혀야 합니다. 나와 전혀 다른 사람들과도 말이죠. 내가 아는 세상이 전부가 아님을, 내가 가진 관점만이 정답이 아님을 끊임없이 깨우치는 경험이 필요합니다. 그 과정에서 많은 혼란과 아픔이 있겠죠. 때로는 도망가고 싶을지도 모릅니다. 하지만 그런 깨우침이 있을 때 사람은 균형 잡힌 생각을 하고 현명해집니다. 똑똑함을 넘어 지혜로워지고요.

함께 모여 읽어보세요. 같은 책을 읽고도 사람마다 어떻게 관점이 다른지, 각자 무엇을 중요하게 여겼는지, 내가 놓친 책의 내용은 무엇인지 살펴보세요. 책뿐만 아니라 참가하는 사람들에게도 관심을 가져보세요. 대화를 나누는 과정에서 책의 내용뿐만 아니라 전혀 다른 사람과 노하우와 역사까지도 배울 수 있습니다. 자신의 생각과 이야기를 표현해보세요. 그 자체만으로도 학습 효과가 있습니다. 책으로부터 얻은 정보가 두뇌 속 신경망에 촘촘히 쌓이게 되거든요.

책을 완전히 이해하지 못해도, 다 읽지 않고도 참석할 수 있는 모임이 많습니다. 독서 모임은 '읽기' 못지않게 '참여' 자체가 중요하거든요. 책보다 사람이 더 중요하지 않겠습니까. 평소 책과 거리가 멀었음을, 책을 온전히 이해하지 못했음을, 다 읽지 못했음을 솔직하게 털어놓고 일단 참여해보세요. 자신이 얼마나 책을 통달했는지 자랑하려는 게 목적이 아니잖아요. 모임에 참여하고 사람들과 나눔으로써 책을 내 일상에 녹여내는 게 더 중요합니다. 평소 독서가 익숙하지 않은 사람도, 이렇게 함께 읽는 분위기 안에 머무르면 책 한 장이라도 더 읽게 됩니다. 사람은 주위 환경에 물들어가거든요.

마음에 드는 모임이 없다면 직접 만들어보세요. 독서 모임, 독서 토론이라는 표현이 부담스럽다면 그냥 독서 수다라고 하세요. 정해진 기간마다 한 번씩 모여 그냥 책과 주제에 대해 이야기를 나누는 겁니다. 어깨에 잔뜩 들어간 힘을 빼고 그냥 가볍게 시작하면 됩니다. 그렇게라도 시작하는 게 안하는 것보다 훨씬 위대합니다.

이성 중심의 삶을 살았습니다. 책은 공부의 수단이었습니다. 저에게 책은 그저 텍스트라는 형태로 정보를 담은 매개체였죠. 독자가 얼마나 빠르게 원하는 정보를 요약해서 얻어내느냐가 독서의 성과를 평가하는 척도였습니다. 교과서를 읽고 그 안에 나와 있는 내용을 바탕으로 시험 문제지 푸는 것, 더 많이 암기해 더 많은 문제를 맞추는 것과 별다를 게 없었습니다.

이런 생각을 바꾸는 데 도움이 된 책들이 있습니다. 책을 머리가 아닌 마음으로도 읽는다는 걸, 눈으로만 보는 게 아니라 온 몸으로 느낄 수 있다는 걸, 꼭 내용을 요약하고 기억하지 않더라도 읽는 행위 그 자체만으로도 의미가 있다는 걸 알려준 책들입니다.

대중심리학에는 '내면아이Inner Child' 라는 개념이 있습니다. 어린 시절의 아픔과 상처로 인해 무의식 속에 생긴 자아를 말합니다. 아이는 태어난 이후 육체적 성장과 함께 내면도 성장합니다. 신생아기, 유아기, 미취학기 · 유치원 시기, 학령기처럼 각 성장 단계마다 발달되어야 하는 영역이 있습니다. 그 단계에 걸맞은 욕구도 갖게 되고요. 그 욕구가 온전히 받아들여질수록 아이는 안정감을 느낍니다. 반면 욕구가 충족되지 않고 억제되거나 무시당했을 때는 상처를 받게 되고요. 그 상처는 사라지지 않습니다. 육체적 성장과 관계없이 무의식 속에 계속 남아 있습니다. 어린 시절의 상처는 성인이 되어서도 계속해서 같은 문제를 일으킵니다. 어릴적 채우지 못한 욕구, 치유받지 못한 상처가 해결될 때까지 말이죠. 내면아이의 치유가 중요하다고 말하는 이유입니다.

내면아이와 관련해 유명한 책이 존 브래드쇼John Bradshaw의 『상처받은 내면아이 치유』입니다. 대학 교양과목 교재처럼 생겼습니다. 실제로 서점에서도 '대학 교재'로 분류해놓고 있고요. 공부하기 좋은 책입니다. 내면아이라는 개념에 대해 알고 싶어 이 책을 선택했습니다. 처음에는 평소 독서하던 대로 열심히 읽고 머리속에 내용을 정리했습니다. 공부하듯 읽었죠. 내면아이가 어떤 개념이고, 성장 단계마다 아이에게 필요한 것이 무엇이고, 왜 성인이 되어서도 문제가 발생하며, 어떻게 이를 해결할 수 있는지. 분석하고 정리하고 요약하고 이해했습니다.

하지만 이게 전부가 아니라는 느낌이 들었습니다. 내면아이 치유와 관련된 책을 열심히 읽었다면 일단 제 내면아이도 치유되어야 하지 않겠습니까. 그저 열심히 책을 읽었다는 생각은 남았으나, 마음 속 깊은 곳에 있는 무언가가 치유되었다는 느낌을 받지는 못했습니다. 마음에 관련된 책을 머리로만, 이성으로만 이해하고 있었기 때문입니다.

책에는 독자들이 내면아이 치유를 위해 스스로 해볼 수 있는 여러 가지 활동이 있었습니다. 저자는 친절하게도 일일이 그 방법들을 알려주고 있었고요. 저는 사실 이 방법들마저도 개념 정리하듯이 접근하고 있었습니다. '이런 방법들이 있구나'를 머리로만 공부했지, 그 방법들을 온 몸으로 실천하지는 않았죠.

조용히 책에 집중할 수 있는 곳으로 여행을 떠났습니다. 이번에는 책에서 제시하는 방법들을 온 몸으로 체험하기로 결심했습니다. 머리로만 분석하려 들지 말고요. 책에는 자신의 내면아이에게 편지를 쓰는 활동이 있었습니다. 내면아이라고 말은 하지만 사실 자기 자신에게 하고 싶은 이야기를 쓰는 겁니다. 어릴 적 나를 상상하면서 말이죠. 그런데 평소 쓰지 않는 손으로 써보라고 하더군요. 그게 효과가 있답니다. 전 오른손잡이입니다. 왼손으로 편지를 썼습니다. 어색함을 무릅쓰고 말이죠.

명상도 해보라고 했습니다. 책에는 명상할 때 사용할 선언문도 있었습니다. 직접 낭독하고 이를 녹음해 명상 때 들으라고 했습니다. 문장 사이마다 15~20초씩 간격을 두라고도 했습니다. 한 문장 말하고 15초, 또 한 문장 말하고 15초. 어느 부분에서는 몇 분간 간격을 두었죠. 때로는 추천하는 배경 음악도 있었습니다. 녹음하기 참 귀찮았습니다. 평소라면 '아 이런 게 있구나' 하며 넘어갔을 겁니다. 그냥 알고 넘어가는 거죠.

이번에는 귀찮음을 꾹 참고 그냥 다 해보기로 했습니다. '굳이 이걸 해야 되나' '이게 뭐하는 짓이지' 싶더라도 일단 실행으로 옮겼습니다. 책 한 권으로 읽고 말하고 쓰고 듣는 것까지 모두 하는 셈이었습니다. 오글거림을 참으며 선언문을 읽고 어린 아이로 돌아가 연기를 하기도 했습니다. 정말 온몸으로 하는 독서였습니다.

늦은 밤 도서관이었습니다. 안에는 저를 포함해 단 세 명만 남아 있었습니다. 오랜 시간에 걸쳐 책에서 제시하는 마지막 명상까지 모두 마무리했습니다. 그 순간 '환희'라는 단어가 떠올랐습니다. 기쁨과 즐거움과 성취감과 행복이 몰려왔거든요. 뭐라고 설명하기 애매하고 복잡 미묘한 감정이었습니다. 책 속 글자를 열심히 읽고 분석하고 이해할 때는 전혀 느낄 수 없었던 감정이었습니다. 정확히 무엇 때문이라고 말로 표현할 수는 없지만 그냥 눈물이 났고 환희에 찼습니다. 도서관에 남아 있는 분들에게 음료라도 한 잔씩 돌리고 싶은 마음이 들 정도로 말이죠.

"성인아이가 그들의 진짜 고통을 회피하는 방법은 '머리에만 머무르는 것'이다. 이것은 강박적으로 생각하고, 분석하고, 토론하고, 독서하고, 뭔가를 이해하기 위해 많은 에너지를 쏟아붓는 것과 관련된다. 두 개의 문을 가진 방에 관한 이야기가 있다. 각 문마다 그 위에 표시가 있다. 한쪽 방에는 '천국'이라고, 다른 방에는 '천국에 대한 강의'라고 쓰여 있다. 대부분의 상호의존적인 성인아이들은 '천국에 대한 강의' 문 앞에 줄지어 서 있었다."

- 존 브래드쇼, 『상처받은 내면아이 치유』 中

에크하르트 톨레의 『삶으로 다시 떠오르기』도 저에게 이런 느낌을 준 작품입니다. 학문에 조예가 깊은 지인이 굳이 이 책을 선물로 주고 싶다고 했습니다. 궁금했습니다. 그리고 욕심이 났습니다. 분명 제게 주신 이유가 있을 거라는 생각이 들었습니다. 파헤쳐보고 싶었습니다. 역시 또 머리를 써가며 교과서 공부하듯이 읽었습니다. 내용을 분석하고 개념을 조사하고 저자의 의도를 정리했습니다. 그렇게 한 권의 독서를 끝냈습니다. 아니, 시험 과목 하나를 끝냈다고 해야 할까요. 분명 좋았고 선물할 만한 책이었습니다. 다만 어딘가 또 마음이 비어있는 느낌이 들었습니다.

한참 새로운 분야를 탐구하던 때였습니다. 일상에 변화도 많았고요. 자연스럽게 삶의 고민도 많았습니다. 잠시 수많은 고민과 갈등과 사고를 내려놓고 싶었습니다. 통유리로 되어 있어 시야가 시원하게 뚫려있는 한적한 카페 2층으로 향했습니다. 창가에 앉아 따뜻한 차 한 잔을 마시며 가지고 온 책 한권을 꺼냈습니다. 수개월 전 읽었던 『삶으로 다시 떠오르기』였습니다. 왠지 모르게 이 책을 다시 읽어보고 싶은 마음이 들었기 때문입니다. 아마 첫 독서 때 느꼈던 알 수 없는 아쉬움이 계속 마음에 남아있었나 봅니다.

평소 선호하던 바와 달리 온 몸의 힘을 뺄 수 있는 푹신한 의자였습니다. 목과 어깨에 들어간 힘을 내려두고 책 한 장 한 장을 읽었습니다. 굳이 내용을 분석하고 요약하려기보다는 그냥 노래가사를 듣는 것처럼 글자의 흐름을 받아들이기로 했습니다. 이날처럼 『삶으로 다시 떠오르기』가 잘 읽혔던 적이 없었습니다. 그 후 몇 번을 읽어봐도 말이죠. 380페이지에 달하는 책 한 권을 앉은 자리에서 다 읽었습니다. 책이 준 느낌이 처음과 달랐습니다. 책 마지막 장을 덮는 순간 그냥 행복했습니다. 저를 힘들게 했던 과거에 대한 불만, 미래에 대한 불안이 잊혔습니다. 그냥 그 순간 마음이 편하고 기뻤습니다. 고마운 사람들이 생각났습니다. 부모님께 전화를 드려 사랑한다는 말을 전해드리고 싶었습니다. 왜 그랬는지 정확한 이유는 알 수 없습니다. 지금도 뭐라고 설명해야 할 지 모르겠습니다. 다만 한 가지는 확실합니다. 책을 읽었기 때문이라는 겁니다.

『상처받은 내면아이 치유』도 『삶으로 다시 떠오르기』도 모두 시험 공부하듯이 읽었습니다. 글자를 분석하고 정보를 요약하며 핵심 내용을 암기하려 했습니다. 분명 좋은 책이었습니다. 하지만 마음을 울리지는 못했습니다. 저에게 근본적인 변화를 가져다 주지 못했습니다. 오히려 바쁘게 돌아가는 머리를 잠시 쉬게 하고 손과 발과 가슴으로 읽으니 마음을 치유해줬습니다. 행복과 기쁨을 가져다줬습니다.

독서를 정보 습득의 수단으로만 바라보지 않았으면 좋겠습니다. 정해진 시간 동안 빠르게 내용을 정리하고 요약하고 암기하는 공부 수단으로만 바라보지 않았으면 좋겠습니다. 때로는 머리로 분석하고 철저히 이해해야겠지만, 때로는 단 몇 글자를 읽더라도 그냥 느끼고 즐길 수 있지 않을까요. 책을 읽는 행위 자체에서 그냥 즐거움을 느껴도 괜찮지 않을까요. 책을 대하는 방법이 조금 더 다양해지길 바랍니다. 머리 중심의 사회에서 때로는 책이 가슴을 울리는 작품, 몸에 휴식을 주는 여유가 되었으면 합니다. 그럼으로써 각박한 세상 속 책이 삶을 치유할 수 있으면 좋겠습니다.

Chapter 5

책 꼭꼭 씹어먹기

책을 잘 읽는 방법은 뭔가요?

자기만의 독서법을 만드세요

한 미술 작가에게 물었습니다. "작가님, 미술 작품은 어떻게 감상하는 건가요? 전 아무리 봐도 많은 분들이 말하는 것처럼 감동이나 울림을 느낀 적이 없거든요." "그냥 보시면 됩니다. 특별히 '이렇게 감상해야 한다'는 법칙은 없어요. 아무런 느낌이 없다는 것도 느낌이에요. 그냥 보고 느끼다보면 한 번쯤 마음에 드는 작품이 있을 거예요." "음… 그럼 좋은 작품을 결정하는 기준 같은 건 있을까요?" "그냥 본인한테 좋은 작품이 좋은 작품입니다. 세계적으로 유명한 명작이든 동네 길거리에 있는 작품이든 상관없어요. 보고 느끼는 게 익숙해지다 보면 자신만의 기준도 생길 거예요."

많은 사람들이 이야기했습니다. 예술 작품을 통해 감동과 영감을 얻을 수 있다고요. 심지어 감상하는 것만으로도 직관을 깨우고 창의력을 얻을 수 있다고 했습니다. 어릴 적부터 알게 모르게 다양한 작품들을 공부하기는 했습니다. 시험을 위한 공부였지만 말이죠. 이제는 성적을 떠나 한 번쯤 진짜 감상을 해보고 싶었습니다. 그런데 아무리 봐도 딱히 감흥이 없는 겁니다. 로댕의 '생각하는 사람'을 봐도 "조각이구나. 만드느라 힘들었겠다." 하고 끝이고, 다빈치의 '모나리자'를 봐도 "인기 많구나. 그런데 이게 왜 명작이지?"가 전부였습니다. 어떤 사람은 일종의 경외감까지 느낀다는데 말이죠.

그냥 보고 느끼면 된다는 미술 작가의 답변은 쉽고 간결했지만 완전히 공감이 되지는 않았습니다. 학창 시절 단체로 놀러 갔던 미술관, 박물관, 전시회 등은 저에게 지루한 체험 활동일 뿐이었고, 성인이 되어 마음의 빗장을 열고 자발적 감상에 도전했지만 아무것도 느낄 수 없었습니다.

그러다 어느 날, 저자 특강이 열린다는 안내 이메일을 받았습니다. 『그림의 힘』이라는 책이었습니다. 단순히 미술 작품을 설명하는 게 아니라, 그림으로 내면의 상처를 치유하는 미술 치료에 관련된 책이었습니다. 평소 그림에 큰 관심이 없지만, 이 특강에는 호기심이 생겼습니다. 제게는 별다른 감흥도 없는 그림을 가지고 심리 치료를 한다니 말이죠. 전문가의 지도 하에 직접 그림을 그리면서 심리 치료의 효과를 극대화할 수 있지만, 좋은 그림을 감상하고 자기 상황에 맞는 그림을 보는 것만으로도 심리 치료 효과가 있다고 했습니다. 바로 특강을 신청하고 찾아갔습니다.

저자는 그림과 심리 치료에 대한 전반적인 이야기를 건넨 뒤 바로 『그림의 힘』에 나오는 다양한 그림들을 보여줬습니다. 대표적인 작품들을 하나씩 보여준 뒤, 각 작품을 통해 사람들이 어떤 효과를 얻는지, 어떤 감정 상태에 있는 사람들이 해당 그림을 좋아했는지, 그 이유는 무엇인지 등을 실제 사례를 바탕으로 설명했습니다. '구도 때문일까, 색채가 주는 온도 때문일까, 그림 속 인물의 상황 때문일까…' 머릿속으로 여러 가지 질문을 던지고 분석하며 강의를 들었습니다.

그렇게 보여주는 작품 중, 이상하게도 유난히 눈에 밟히는 그림이 하나 있었습니다. 머리로 분석하고 내용을 정리하기에 앞서 그냥 눈길이 가고, 이유를 딱히 말로 설명하기는 어렵지만 왠지 마음에 와닿았습니다. 독일의 화가, 카스파르 프리드리히Caspar David Friedrich의 〈안개 낀 바다 위의 방랑자〉였습니다. 아는 작가도 아니었고 작품의 배경을 아는 것도 아니었습니다. 그런데 괜히 끌리더군요. 작품을 빤히 바라보는 데 속에서 묘한 감정이 일어났고요.

작품 속 주인공은 높은 바위 위에 올라가 안개가 자욱한 바다를 바라보고 있습니다. 바위와 바다와 하늘의 구도 중앙에 서서 감상하는 사람에게는 자신의 뒷모습만 보여주고 있죠. 특강에 참여하신 한 분께서 '좋은 작품이란 자신의 감정이 투영된 작품'이라 생각한다고 말씀하셨습니다. 어쩌면 〈안개 낀 바다위의 방랑자〉에 저 스스로 감정을 투영했나봅니다. 당시 전 회사를 그만두고 사업을 시작하며 예상치 못한 각종 변수들을 맞이하고 있었습니다. 그림 속 주인공은 높은 곳에 올라 광활한 대자연 앞에 서 있습니다. 그런데 자욱한 안개로 흐릿하죠. 새로운 꿈과 목적을 위해 새로운 세상으로 뛰어 들었으나, 한치 앞도 보이지 않는 막연함과 맞서야 하는 한 남자의 고뇌와 고독. 원대한 꿈과 불안함이 공존하는 제 감정이 이 작품과 공명하며 묘한 감정을 일으켰을 겁니다.

아무런 정보 없이 그냥 프로젝터로 스크린 화면에 띄운 그림을 보고 울림을 얻었습니다. 미술 작품을 감상한다는 게 어떤 건지를 몸으로 느낄 수 있었던 경험이었습니다. 예전에 들었던 미술 작가의 답변도 완전히 이해가 되는 순간이었고요. 이후 제목을 적어뒀다가 그림에 대해 좀 더 알아보게 되었습니다. 무엇보다도 그림을 통해 역으로 저 자신의 상황과 마음을 돌아보게 되었고요. 책 『미술의 생각 인문의 마음』의 저자가 추천하는 감상법도 이런 경험과 유사했습니다.

그래서 사전 정보 없이 먼저 그림부터 보라고 권하고 싶다. 다양한 그림을 자주 보다 보면 어떤 '느낌'을 주는 그림을 만날 수 있다. '왜 이런 느낌이 들까?'라는 생각이 호기심이다. 이러한 호기심이 '왜 이런 걸 그렸을까?' 혹은 '왜 이렇게 그렸을까?'라는 궁금증으로 발전할 때, 여기서부터 시작하면 된다. '왜'를 해결하기 위한 공부를.

이렇게 얻는 그림에 대한 지식은 바로 자신의 것이 된다. 지식의 소화액이 자신의 내부로부터 분비됐기 때문이다. 소화된 지식을 바탕으로 삼은 그림 감상은 '두드려서 열리는 문'과도 같다. 비트겐슈타인도 '진실은 논리나 말로 알아내기보다 조용히 느껴라.'고 권하지 않았던가.

- 전준엽, 『미술의 생각 인문의 마음』 中

독서도 마찬가지가 아닐까요. 저 뿐만 아니라 많은 사람들이 독서하는 방법에 대해 이야기하고 있습니다. 수많은 사람들이 자기만의 방식으로 서로 다른 메시지를 전할 겁니다. 여기서 한 가지 알아두셔야 할 점이 있습니다. 세상에는 참으로 다양한 독서법이 존재합니다. 전 세계 인구수만큼이나 각기 다른 독서법이 있을지도 모릅니다. 사람마다 상황마다 책마다 읽는 방식은 다르니까요.

수많은 독서법 중 최고의 독서법은 무엇일까요. 내가 평생 집중해야 할 최고의 독서법 같은 건 없습니다. 독서법에 절대적 우위란 없거든요. 단지 상대적 적합성이 있을 뿐입니다. 체질에 따라 명약이 독약이 되기도 하고 또 그 반대가 되기도 합니다. 독서법 역시 지금 나에게 맞느냐 안 맞느냐가 중요합니다. 타인에게 맞는 독서법이 나에게 맞지 않을 수 있으며, 지금 나에게 맞더라도 나중에는 그렇지 않을 수도 있습니다. 나와 상황이 계속 변하는 것처럼 계속 변합니다.

자신에게 맞는 독서법을 찾기 위해서는 일단 책을 보며 자기 경험을 쌓아야 합니다. 저를 포함해 수많은 사람들이 제시하는 책 읽는 방법은 어디까지나 아이디어일 뿐입니다. 절대적 진리가 아닙니다. 아이디어를 모으고 선별한 뒤 직접 실천해 결과로 만들어 내는 건 결국 독자의 몫입니다. 시행착오를 겪을 겁니다. 때로는 아무런 느낌이 없어 착잡하고, 때로는 생각지 못한 깨달음을 얻을 겁니다. 지루하다면 지루한 과정이지만 그러면서 조금씩 경험과 느낌과 배움을 축적하고 이를 바탕으로 자기에게 맞는 방법을 만들어내야 합니다. 그러지 않고서는 나를 위한 독서법을 알아낼 수 없습니다. 한두 번의 조언과 경험만으로는 해결할 수 없는 일입니다.

어린 아이는 순수한 정신을 갖고 태어납니다. 생존을 위해 주위 어른들로부터 세상과 인생에 대한 다양한 정보를 습득해갑니다. 마른 사막이 내리는 비를 흡수하듯 무서울 정도로 빠르게 학습합니다. 아직은 어른들이 주는 정보를 곧이곧대로 받아들이는 단계입니다. 학습을 통해 세상을 살아가기 위한 세계관, 사고 체계를 구축해 갑니다.

어느 정도 시간이 지나, 아이는 조금씩 의문을 갖습니다. "지금 내가 갖고 있는 믿음이 과연 진실일까?" "나의 본질은 무엇일까?" "내가 바라보고 있는 이 세상이 과연 전부일까?" 그렇게 내면 깊숙한 곳을 파고들어 가고, 외부의 또 다른 면을 들춰보며 조금씩 자기만의 답을 만들어갑니다. 그렇게 만든 답이 자기철학입니다. 이것을 만드는 과정이 자기중심을 세우는 일입니다. 자기중심을 뼈대로 두고 새로운 살들을 붙여가는 과정 전체가 아이가 성인이 되어가는 여정이고요.

자기 경험 없이 최적의 독서법을 찾으려는 건 아이가 어른으로 성장하지 않고 계속해서 어린 아이로만 남으려는 것과 같습니다. 자기중심을 세우지 못한 채 다른 사람들이 이야기하는 방법론에만 목숨 거는 건 위험합니다. 여기 가서는 이게 최고라 믿고, 저기 가서는 저게 최고라 믿게 됩니다. 유연한 것과 유약한 것은 다릅니다. 자기중심을 세우고 다른 관점을 있는 그대로 받아들일 수 있을 때 유연한 것이고, 자기중심 없이 다른 관점에 휘둘리는 건 아직 유약한 것입니다.

물론 자신에게 맞는 독서법을 만드는 일은 단번에 이뤄지지 않습니다. 오랜 시간이 걸릴 겁니다. 괜찮습니다. 천천히 간다고, 느리게 간다고 문제가 있는 게 아닙니다. 우리가 배우자를 만날 때도 나와 잘 맞는 사람을 만나기 위해 여러 사람을 만나봐야 하지 않습니까. 만나다 보면 자신에게 맞는 사람은 어떤 사람인지, 그 사람을 위해 어디까지 맞출 수 있는지를 배울 수 있습니다. 나아가 연인과의 관계 속에서 나다운 나란 과연 어떤 사람이며, 또 어떤 사람이 나를 그저 있는 그대로 받아줄 수 있는지 알아가게 되고요. 독서법 역시 마찬가지입니다. 천천히 나와 맞는, 나다운 방법을 찾아가는 중이라고 생각하세요. 그 과정들이 모두 아름다운 순간이라고 생각하세요. 여행처럼요.

독서하기 전에 독서법부터 찾는 사람들이 많습니다. 일단 독서부터 하면서 뭐라도 하나씩 느껴보세요. 아무런 느낌이 없다는 느낌도 괜찮습니다. 제가 미술 작품을 보며 그랬듯이 말이죠. 그런 경험을 쌓으면서 점차 나에게 맞는 독서법이 무엇인지 탐색해보고 자기만의 독서법을 만들어가세요. 최고를 찾지 말고 최적을 만드는 겁니다. 모두가 '나답게 살자'는 메시지를 외칩니다. 동시에 누군가 최고의 방법론을 대신해서 제시해주기를 갈망합니다. 타인으로부터 배우는 열린 마음을 갖되 자기중심을 세우는 주체성을 기르세요. 먼저 경험한 사람들의 아이디어에 자신의 경험을 더하세요. 그 과정을 계속해서 반복하세요. 그래야 나만의 기준과 감상법이 만들어집니다.

독서 계획을 세우는 스마트한 방법

"측정할 수 없으면 관리할 수 없고, 관리할 수 없으면 개선될 수 없다."

- 피터 드러커

기업의 경영뿐 아니라 자기 경영에서도 측정은 중요합니다. 무언가를 측정할 수 있는 가장 효율적인 방법은 수치화하는 것입니다. 숫자를 넣는 순간 관리하기가 쉬워집니다. 지금까지 그저 좋은 말로 막연하게 계획을 세웠다면 이제는 숫자를 활용해 구체적인 계획을 세우세요. 숫자를 활용하면 다음과 같은 장점이 있습니다.

계획이 명확해집니다. 해마다 새해 목표를 세우지만 두루뭉술하고 명확하지 않은 것은 이뤄지지 않습니다. 실행할 사람이 봤을 때 바로 무엇을 얼마만큼 해야 할지 떠오를 정도로 목표도 계획도 확실해야 합니다. 보고도 "뭘 해야 하지?" "얼마큼 해야 하지?"라며 고민하는 순간, 생각이 실천으로 이어질 확률은 줄어듭니다. 의지를 다졌던 처음 순간과 달리 제대로 실천하지 않고도 "이 정도면 충분하지 않을까"라며 자기합리화하고, "괜찮겠지"라며 은근슬쩍 넘어가는 일도 많아지고요. 숫자로 표현하면 목표도 계획도 명확해집니다. 그만큼 목표의식이 뚜렷해지고 실천력도 높아집니다. 중간 피드백 또한 쉬워집니다.

주인공들이 특정 기기를 이용해 상대방의 전투력을 측정하는 만화가 있습니다. 게임에서는 캐릭터의 다양한 능력이 숫자로 표시됩니다. 아쉽게도 사람의 독서력은 숫자로 표현할 수가 없습니다. 따라서 자신이 얼마나 열심히 독서하고 있는지, 책을 통해 얼마나 많은 것들을 얻고 있는지 한 눈에 파악할 수가 없죠. 숫자를 활용하면 처음 세운 계획과 비교해 자신이 어디까지 실행했는지 스스로 점검할 수 있습니다. 만약 1년에 50권 읽기가 목표인데 25권을 읽었다면 지금은 50%까지 달성한 겁니다. 만약 8개월이 지난 시점이라면 더욱 분발할 것이고, 4개월이 지난 시점이라면 조금 더 여유를 가질 수도 있습니다. 숫자를 통해 자신의 독서 행태를 평가하고 스스로에게 피드백을 줄 수 있습니다. 한 권씩 읽을 때마다 올라가는 진행률을 보며 계획을 실천하는 일에 동기 부여를 받을 수도 있고요.

자신감과 자기만족이 생깁니다. 사람이 자신감을 갖기 위해서는 이에 대한 근거가 필요합니다. 흔히 근거 없는 자신감이라고 표현하지만, 그렇게 말하는 사람도 자신이 의식하지 못하는 근거를 갖고 있습니다. 수치화된 계획을 세우고 이를 달성하세요. 그냥 열심히 책을 읽었을 때와는 다릅니다. 숫자로 표현된 계획, 독서 결과는 누가 봐도 명료합니다. 한 눈에 들어오는 결과를 보며 자기만족을 느낄 수 있고, 책에 대한 자신감을 가질 수 있습니다. 그렇게 마음이 단단해졌을 때 더 많이, 깊이 있는 독서에 도전할 수 있게 됩니다. 물론 독서를 통해 얼마나 사유를 했고 얼마나 많은 지식과 지혜가 쌓였는지를 객관적으로 평가할 수는 없습니다. 하지만 숫자로 표현된 계획을 세우고 이를 달성해 얻은 자신감과 자기만족은 지식과 지혜 못지않게 중요합니다. 사람은 작은 성공을 맛봤을 때 또 다른 분야에서 또 다른 성공, 더 큰 성공을 맛볼 수 있거든요.

그렇다면 독서 계획을 세울 때 이렇게 숫자만 활용하면 될까요. 숫자를 활용해 계획을 세울 때 알아두면 유용한 노하우가 있습니다. 우선 현실적인 계획을 세우세요. 사람은 미래를 낙관적으로 보는 경향이 있습니다. 계획을 세우는 시점에는 동기 부여도 잘되어 있고 강한 의지와 열정을 갖고 있습니다. 의욕이 넘치는 상태입니다. 그 상태로 꾸준히 나아갈 수 있을 거라 기대합니다. 아쉽게도 그 마음이 꾸준히 지속되기는 어렵습니다. 결국 생각대로 되지 않는 현실을 마주하게 되죠. 애초에 무리한 계획을 세워두고, 그걸 지키지 못한 자신을 보며 한탄합니다. 역시 "난 안돼"라며 스스로를 비난합니다. 반복된 패턴입니다. 그렇게 점점 책과 멀어지게 되고요. 반복된 패턴에서 빠져나와 차라리 처음부터 계획의 수준을 낮춰보세요. 처음에야 의욕이 넘쳐서 계획을 수준을 낮추는 게 아쉽겠지만, 시간이 지나보면 그게 현실적인 계획이었음을 알게 될 것입니다.

어느 정도가 현실적인 수준인지 모를 경우 일단 현재 자기 상황을 기록하는 일부터 하세요. 기록을 통해 내 독서 행태를 파악하세요. 그 다음, 기존에 비해 10~20% 정도 향상된 수준으로 계획을 세우세요. 너무 낮아 지루하지도, 너무 높아 포기하게 되지도 않는 적정 수준입니다.

만약 이제 막 처음으로 독서 습관을 들이고자 하는 분이라면 아주 작은 계획을 세우는 게 좋습니다. 너무 작아서 민망할 정도의 계획을 말이죠. '하루에 책 한 번 펼치기'는 어떤가요. 한 장을 읽든 열 장을 읽든 한 권을 통째로 읽든 상관없습니다. 말 그대로 하루에 한 번 책을 펼쳐 글자 하나라도 읽는다면 성공입니다. 대신 그걸 매일 반복하는 게 중요합니다. 하루에 몇 장을 읽느냐보다 그 작은 행동을 얼마나 꾸준히 실천했느냐가 더 중요합니다. 습관은 강도보다 빈도이기 때문입니다.

아직 책이 익숙하지 않은 분들, 독서 습관을 가져본 적이 없는 분들에게 추천하는 방법입니다. 생각보다 효과가 큽니다. 행동으로 옮기는 부담감을 내려주거든요. 시작이 반이라는 말처럼, 사람은 일단 시작이라도 하면 뭐라도 하게 되어 있습니다. 일단 피트니스센터에 가기라도 하면 스트레칭을 하던 마사지를 하던 러닝머신을 뛰던 덤벨을 들던 뭐라도 하지 않습니까. 얼마나 제대로 하는지는 그 다음 문제입니다. 중요한 건 일단 문을 열고 들어가는 겁니다. 야근을 해야 해서, 몸이 좋지 않아서, 갑자기 회식이 잡혀서 한 번 빠지기 시작하니 계속 빠지게 되고 그러다보니 운동과 멀어지는 거죠. 독서도 그렇습니다. 일단 펼치면 조금이라도 읽게 되어 있습니다. 그러다보면 책이 친근해지고 독서가 몸에 익게 됩니다. 설령 피곤하고 일이 많은 날에도 책 한 번 펼치는 건 누구나 할 수 있는 일입니다. 정말 한 단어만 읽어도 상관없습니다. 대신 흐름을 만들고 있고, 그 흐름이 유지될 때 독서가 습관으로 자리잡게 되니까요.

상황에 따라 책을 읽은 권수가 아닌 책을 읽는 시간을 계획으로 세우는 것도 좋습니다. 읽은 책의 숫자로 계획을 세우는 것 자체가 잘못되었다는 게 아닙니다. 다만 그로 인해 읽은 책 권수에 집착하고 내용을 음미하는 여유를 잃어버리는 부작용이 발생할 수 있기 때문입니다. 한 권의 마지막 장을 넘기는 게 일종의 미션이고 과제가 되어 버리거든요. 양에만 집중해 '이런 책을 읽었다'는 기억은 남지만 책에서 아무런 교훈도 영감도 감동도 받지 못합니다. 때로는 '내가 그런 책을 읽었었나?' 하는 생각도 듭니다. 책을 읽은 양을 마치 스펙이나 수료증처럼 여기게 되고요. 대신 하루 언제 얼마큼의 시간 동안 책을 읽겠다는 계획을 세워보세요. 몇 장을 읽느냐에 신경 쓰기보다 그 시간만큼은 단 한 장을 읽더라도 내용에 집중하겠다고요. 집중력을 높이는 훈련도 됩니다. 오히려 독서량도 늘어나게 됩니다.

어느 정도 책이 익숙해진 분이라면 이제는 인풋이 아닌 아웃풋을 의식하며 계획을 세워보세요. 어떻게 읽을까를 넘어, 책을 통해 얻은 배움과 느낌을 어떻게 표현할 것인가를 생각해보는 겁니다. 책은 다른 사람의 인생이 담긴 기록입니다. 우리는 그런 기록을 수용하는 데만 익숙하지, 인생을 어떻게 기록으로 남기고 생각을 어떻게 표현할지에 대해서는 미숙합니다. 독서 노트든, 감상문이든, 메모든, 영상이든 나에게 가장 잘 맞는 방식으로 어떤 아웃풋을 낼지를 계획 세워보세요. 1주일에 한 편의 도서 리뷰를 남긴다, 책 칼럼 몇 편을 작성한다, 책의 내용을 소개하는 영상 몇 편을 제작한다는 형식으로 말이죠.

아웃풋을 염두에 두고 책을 읽을 때 인풋의 질이 달라집니다. 계속해서 질문을 던지게 되고 들어오는 메시지를 재가공하게 됩니다. 이는 지식을 수동적으로 탐닉하는 게 아니라 능동적으로 탐구하는 태도입니다.

질문은 정신을 집중시킵니다

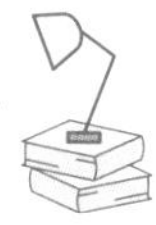

자신의 본능적 호기심과 끌림으로 책을 선택하세요. 너무 억지로 애쓰지 말고 그냥 편하게 읽고 아무거나 느껴보세요. 무엇을 느끼든 그것대로 다 의미가 있습니다. 모든 독서법은 여기서 시작하면 됩니다.

그럼에도 "어떻게 하면 조금 더 책을 온전히 읽을 수 있을까" 고민인가요. 어느 정도 책에 익숙해졌고, 이제는 조금 더 깊이 있는 독서를 하고 싶나요. 그런 독자들을 위해 독서 전 · 중 · 후 활용할 수 있는 조금의 팁을 말씀드리겠습니다.

책을 읽기 전에 간단한 질문을 던져보세요. 자신이 이 책을 읽는 이유는 무엇인지, 이 책을 통해 답을 얻고자 하는 의문점은 무엇인지, 이 책을 통해 알고 싶은 내용은 무엇인지 등에 대해서 말이죠. 제가 예전에 "내 재능과 흥미를 알 수 있는 방법은 뭘까?"라는 질문을 던지고 책을 찾아 읽었던 것처럼 말이죠.

질문은 특히 목적 없는 독서로 힘들어하시는 분들께 좋은 처방입니다. 읽어야 한다니까, 읽으면 좋다니까, 일단 독서 계획을 세웠으니까 마지못해 읽는 분들은 독서에 흥미를 붙이기 어렵습니다. 책을 읽을 자기만의 목적의식이 없다보니 수시로 "내가 이 책을 왜 읽고 있는 거지?"라는 생각에 빠지기 쉽습니다. 열심히 글자를 읽고 있지만 영혼 없이 기계적으로 읽고 있다는 느낌을 지우기 힘듭니다. 마지막 장을 덮고 나서도 의문이 생기죠. 분명 읽기는 읽었는데 나한테 남은 게 뭔지는 하나도 모르겠다고 말이죠. 책장에 꽂혀 있는 책들을 봐도 마찬가지입니다. 분명 읽었던 것 같은 데 무슨 내용이 있었는지 모르겠다고 한탄합니다. 때로는 본인이 그 책을 읽었다는 사실조차 잊어버리죠.

질문은 정신을 집중시키는 힘이 있습니다. 무언가를 바라보는 관점이 날이 설 수 있도록 도와주고요. 질문을 던지는 순간 책을 바라보던 흐릿한 시선이 선명해집니다. 책을 펼치기 전에 던지는 단순한 질문 하나가 보이지 않던 것을 보게 만들고, 놓쳤던 것을 잡게 만듭니다.

많이 필요하지 않습니다. 소금을 얻기 위해 모든 바다를 끓일 필요는 없습니다. 나에게 필요한 건 한 줌의 소금과 이를 품고 있는 약간의 바닷물입니다. 이 책의 모든 것을 얻어가겠다는 욕심은 버리세요. 모든 글자에서 깨달음을 얻고 전율을 느끼겠다는 집착은 내려두세요. 너무 힘이 들어갈수록 즐기기 어렵습니다. 너무 욕심이 크면 아무것도 소화하지 못합니다. 한두 개의 질문을 던지세요. 그에 대한 대답만 얻어갈 수 있어도 충분히 멋진 독서를 한 것입니다.

처음부터 자기 내면에서 나오는 질문을 갖고, 답을 찾는 아이디어를 얻을 수 있을 것처럼 끌리는 책으로 독서하는 게 제일 좋습니다. 만약 딱히 떠오르는 질문도 없고 스스로 선택한 책이 아니라면 우선 목차와 저자의 말을 읽어보세요. 프롤로그까지 읽으면 좋습니다. 목차를 보면 책의 전체 구성을, 저자의 말과 프롤로그를 보면 핵심 메시지를 파악하기 쉽거든요. 다음으로 가볍게 전체 내용을 훑어보세요. 그 뒤 본인 나름대로 한두 개의 질문을 만들어보세요.

만약 누군가의 자서전이라면 "저자는 어떤 역경을 겪었고 이를 어떻게 극복했을까?" 시간 관리에 대한 책이라면 "저자가 바라보는 시간에 대한 관점은 무엇일까? 자신만의 시간 관리 비법은 무엇일까?" 경영 기법에 대한 책이라면 "해당 경영 기법의 탄생 배경과, 다른 기법들과 비교했을 때의 차별점은 무엇일까?", 에세이라면 "저자가 자기 인생을 통해 독자에게 전하고자 하는 하나의 메시지는 무엇일까?" 등으로 말이죠. 보편적인 질문이어도 괜찮습니다. 얼마나 특별한 질문을 던졌느냐보다 질문을 던졌다는 사실 자체가 더 중요하거든요.

이렇게 질문을 던지는 것만으로도 '목적 없는 책 읽기'가 '목적 있는 책 읽기'로 변할 수 있습니다. 그 질문에 대한 답을 얻는다는 생각으로 책을 읽으면 지루함도 떨쳐낼 수 있습니다. 탐정이 되었다고 생각해보세요. 범인을 찾듯, 독서 전에 던진 질문에 대한 단서를 찾는다고 생각해보세요. 살짝 관점만 바꿔도 독서의 재미가 배가 됩니다.

사전에 질문을 던져 보는 건 독서에만 효과가 있는 게 아닙니다. 금융 전문가와 이야기를 나눌 기회가 있었습니다. 독서와 질문에 대한 제 생각을 말씀드리니, 이런 방법은 주식 시장을 공부할 때도 필요하다고 했습니다. 그냥 단순히 '이 종목이 올랐네', '저 종목은 떨어졌네' 하고 관찰만 할 경우 실력이 늘기 힘들다고 합니다. 현상을 바라보되, '이 종목은 왜 오를까?' '왜 이렇게 되는 걸까?'와 같이 반복해서 질문을 던져야 현상 이면에 담긴 원인을 파고들 수 있습니다. 통찰력 있는 사람들이 질문을 자주 던지는 이유입니다.

자기 질문으로 책을 선택하세요. 그게 아니라면 선택한 책을 가볍게 훑어보며 한두 개의 핵심 질문을 만드세요. 그 다음에 책을 읽어나가며 질문에 대해 저자는 어떤 대답을 하는지 알아보세요. 나를 간지럽게 하는 단 하나의 질문에 대한 답 한 개만 있어도 여러분의 독서는 성공한 것입니다. 질문하고 답을 찾는 과정을 반복하세요. 반복을 통해 숙련이 되며 점차 질문의 양이 늘고 질도 높아집니다. 이제는 저자와 마치 질의응답하듯 책을 읽게 됩니다. 일종의 인터뷰죠. 그 때부터 책 한 권을 통해 얻는 통찰이 부쩍 늘어나게 될 것입니다.

흐름을 유지하는 흔적 없는 메모법

재밌게 대화를 나눌 때도 상대방의 모든 이야기를 기억할 수는 없습니다. 전부 기억하려면 오히려 대화의 흐름이 끊기게 되고요. 독서도 마찬가지입니다. 책을 읽으면서 모든 내용을 기억하고 받아들이려다 보면 오히려 독서 흐름을 잃어버리기 쉽습니다. 모든 내용을 차근차근 이해하고 암기하며 넘어가려고 노력하지 마세요. 중요한 건 흐름입니다. 이해가 안되고 모르는 내용은 다시 읽으면 됩니다. 언제든 되돌릴 수 있는 게 책의 장점이고, 그러려고 우리가 책을 소장하는 것 아니겠습니까.

두 사람이 인터뷰를 진행하는 모습을 상상해보세요. 인터뷰어가 인터뷰이의 이야기를 듣는 대로 암기하고 있을까요. 아니면 바로 앞에서 일일이 받아적고 있을까요. 아닙니다. 상대방이 이야기하는데 계속 암기할 생각에 빠져 있다면, 노트에 기록하는 일에만 집중하고 있다면 그건 대화가 아니죠. 흐름이 깨지기 쉽습니다. 제일 중요한 건 상대방의 눈을 바라보는 겁니다. 대화의 흐름에 동참하는 거고요. 대신 중요한 내용이나 본인이 느꼈던 울림, 떠오르는 생각은 간략히 키워드 위주로 메모하면 됩니다. 그때그때 흔적을 남겨놓으면, 나중에 그 흔적을 돌아보며 당시의 생생한 감동을 되살리고 지나간 대화의 전체 흐름을 손쉽게 파악할 수 있거든요.

독서할 때도 그런 메모가 필요합니다. 지금 자신이 읽고 있는 책에 집중하세요. 중요하다고 생각하거나 내게 울림을 준 내용이라면 간단히 흔적을 남기세요. 독서하며 드는 생각과 느낌이 있다면 짤막하게 기록하세요. 그렇게 남긴 흔적만큼 독서는 풍요로워집니다. 마지막 장을 덮은 후 다시 흔적을 되짚어보며 빠르게 책의 전체 흐름을 파악할 수 있습니다. 책을 통해 얻었던 통찰과 울림을 손쉽게 떠올릴 수 있습니다. 궁금하고 의문이 들었던 점들을 찾아보며 내용을 더욱 깊이 있게 받아들일 수 있게 됩니다. 그래서 다들 메모를 추천하는 겁니다.

책을 어쩔 수 없이 깨끗하게 읽어야만 하는 경우도 있을 겁니다. 도서관이나 지인에게 책을 빌려서 읽는 경우처럼 말이죠. 저의 경우 소장하지 않고 가볍게 읽고 넘어갈 책들은 깨끗하게 읽습니다. 누군가에게 선물로 줄 책도 당연히 마찬가지고요. 그렇다고 흔적을 남기고 메모하는 일을 포기하지 않습니다. 저는 절충안이 있습니다. 접착 메모지를 활용하는 겁니다. 포스트잇으로 유명한 그 메모지 말이죠.

책을 읽기 전 접착 메모지 한 묶음을 책 사이에 끼워 둡니다. 책갈피처럼 활용하기도 합니다. 아니면 책 앞부분에 사용할 만큼 낱개로 붙여놓습니다. 주로 폭이 얇고 작은 접착 메모지를 선호합니다. 작은 메모지를 사용하는 건 애초에 장문의 글을 기록하는 것이 목적이 아니기 때문입니다. 책을 읽다가 마음에 드는 구절이 있거나 책의 핵심 내용이라고 생각되는 부분에 붙입니다. 단순히 위치를 확인하는 용도입니다. 밑줄을 그을 수 없으니 메모지로 즐겨찾기와 같은 역할을 하는 것입니다. 원하는 단락 옆에 붙여 놓으면, 책을 다 읽은 후에도 빠르게 중요한 내용들을 살펴볼 수 있습니다. 폭이 얇은 접착 메모지이기에 사용하는 데 부담이 적습니다. 한 장에 여러 개의 메모지를 붙여놓을 수도 있고요.

메모는 현재에 집중하게 만드는 효과도 있습니다. 사람은 독서 중에도 여러 가지 생각을 합니다. 책에 대한 생각뿐 아니라 책과 상관없는 온갖 생각도 올라오죠. 일일이 그 생각들을 챙기다가는 책을 제대로 읽을 수 없습니다. 이는 지나간 과거를 안고 있느라, 다가오지 않은 미래를 걱정하느라 현재를 놓치는 것과 마찬가지입니다. 딴 곳으로 빠진 마음을 다시 지금 읽고 있는 책으로 되돌려야 합니다.

메모를 한다는 건 머릿속을 비워내는 일과 같습니다. 다만 메모를 하지 않았을 때는 좋은 생각과 아이디어도 함께 흘려보내지만, 메모를 하면 훗날을 위해 잠시 보관해둘 수 있습니다. 머릿속을 채우는 생각을 잠시 메모에 위탁하는 겁니다. 메모해놨으니 편하게 잊었다가, 잠시 후에 다시 살펴보면 되는 거죠. "이 부분이 중요하니까 계속 기억해두고 있어야 돼" 하는 부담감을 내려놓을 수 있습니다. 그러면서도 "이따가 이거 해보면 좋겠다"와 같은 아이디어도 놓치지 않을 수 있고요. 메모는 독자가 챙길 건 다 챙기면서도 지금 읽고 있는 문장과 내용에 집중하며 흐름을 놓치지 않도록 도와줍니다.

물론 접착 메모지의 본래 목적인 메모도 가능합니다. 폭이 좁아 장문의 글을 쓰진 못하지만 필요한 내용은 키워드 형식으로 간략히 입력하면 충분합니다. 소셜 미디어에서 해시태그#를 이용하는 것처럼 말이죠. 굳이 장문의 글을 쓰고 싶다면 별도로 폭이 넓은 메모지를 몇 장 함께 이용하면 됩니다. 때로는 책 앞 쪽에 여러 사이즈의 포스트잇을 붙여 놓고 필요할 때마다 사용합니다. 폭이 좁은 메모지 한 종류, 넓은 것 한 종류만 있으면 독서를 하며 자신만의 흔적을 남기는 데 전혀 지장이 없습니다.

접착 메모지의 또 다른 장점은 이동 중에도 손쉽게 필요한 내용을 표시해 놓을 수 있다는 겁니다. 출퇴근길 지하철처럼 좁은 공간이나 흔들림이 많은 곳에서는 책을 읽으며 메모하기 어렵습니다. 펜을 꺼내 밑줄을 긋다보면 줄이 삐뚤삐둘해집니다. 글을 쓰는 건 기예에 가깝고요. 사람이 많으니, 글을 쓰기 위해 자유롭게 팔을 움직일 공간을 확보하기도 어렵고요. 메모가 아쉬워 별도 수첩이나 스마트폰 메모 기능을 이용해보기도 했습니다. 이것도 한계가 있었습니다. 책과 동시에 들고 있자니 여간 불편한 게 아니더군요. 혹시나 스마트폰을 떨어뜨리는 건 아닐까 신경 쓰였고요.

접착 메모지를 활용하면 이런 문제를 한 번에 해결할 수 있습니다. 독서하는 데 딱히 짐이 되지도 않습니다. 책과 수첩, 책과 핸드폰 처럼 동시에 두 가지 물건을 들고 있는 부담감도 느껴지지 않습니다. 버스나 열차의 흔들림 탓에 볼펜이 삐뚤어질 걱정도 없습니다. 그냥 필요한 단락이나 문장 옆에 한 장 붙여놓으면 됩니다. 위치만 확인할 수 있으면 됩니다.

책을 다 읽었다면 이제 접착 메모지를 붙여놓은 단락이나 문장을 다시 한 번 읽어보세요. 마지막 장을 덮고 나면 "그런데 책의 내용이 뭐였지"라는 생각이 들 때가 있죠. 아니면 앞부분의 내용은 다 잊어버린 채, 가장 최근에 읽은 마지막 부분만 머릿속에 떠오르고요. 표시해놓은 내용들을 마지막에 딱 한 번만 훑어보더라도 책의 흐름과 내용과 감상이 오랫동안 기억에 남게 됩니다. 일종의 복습 효과죠. 꼭 전체 흐름을 회상하지 못해도 괜찮습니다. 나에게 울림을 주거나 필요한 내용, 책을 읽고 나서 실천할 내용들만 빠르게 확인할 수 있어도 남는 장사입니다. 메모를 하지 않았더라면 그 좋은 내용, 구절들은 전부 망각으로 사라졌을 테니 말이죠.

책 자체에는 아무런 더럽힘도, 흔적도 남지 않습니다. 접착 메모지야 붙였다가 떼면 그만이니까요. 표시해놓은 내용은 별도 독서노트나 아니면 온라인상에 기록해두세요. 그 다음 메모지는 다 떼버리세요. 이제 완전히 새 책이 됩니다. 반납해도 되고 다른 사람에게 선물로 줘도 됩니다. 책도 깨끗하게 보면서 메모까지 할 수 있는 방법입니다. 게다가 접착 메모지는 그 특성상 몇 번을 재사용할 수 있습니다. 몇 천원 투자해서 1년 넘게 활용하기도 합니다. 저렴한 비용을 투자했지만 독서 효과는 대폭 높아집니다.

명작에는 이유가 있습니다

텍스트는 고정되어 있지만 독서는 변합니다. 독서는 저자와 독자의 커뮤니케이션이기 때문입니다. 책 속에 담긴 텍스트는 같지만 그것을 읽는 사람이 변하고 상황이 변합니다. 변화에 따라 같은 텍스트도 다른 의미를 갖고, 보이지 않던 것이 보이기도 합니다. 독자가 언어 이면에 담긴 의미를 해석하는 방식이 달라지며, 문자가 아닌 맥락을 이야기하게 됩니다. 커뮤니케이션의 양과 질, 내용이 모두 달라집니다.

책은 한번 사용하고 마는 인스턴트 제품도, 최신 스펙일수록 좋은 전자 제품도 아닙니다. 책이 이런 기능의 제품이었다면 우리가 아는 '고전'은 없었을 것입니다. 제가 이미 읽었던 책을 다시 읽는 것도 고전을 읽는 것과 마찬가지입니다. 한 번 읽었던 책이고 시간이 흘러 더 이상 신간도 아니지만 읽을 때마다 전해지는 색다른 무언가가 있기 때문입니다.

많은 사람들이 다시 읽어보는 대표적인 책 중 하나가 『어린왕자』입니다. 워낙 유명한 책이죠. 어릴 적, 하도 읽으라고 하기에 궁금한 마음으로 읽었습니다. 당시에는 이 책이 왜 이렇게 유명한지, 왜 사람들이 그토록 읽으라고 하는지 도저히 이해할 수가 없었습니다. 책에 대한 첫 인상은 그저 "저자 생텍쥐페리의 이름이 생소하고 특이하네"였습니다. 그 다음은 "우와, 유명한 책 읽었다!"였고, 다음은 "근데 이게 뭐야?"였습니다. 모자 그림이 코끼리를 삼킨 보아뱀이라는 게, 어린왕자와 여우와의 만남이 뭐가 그리 대단한지 이해가 되지 않았습니다. 그냥 쭉 읽다가 결국에는 다시 또 역사적 영웅들의 무용담을 읽으러 갔습니다. 그게 훨씬 재미있었으니까요.

그러다 어른이 되어 우연히 『어린왕자』를 다시 읽게 되었습니다. 어릴 적과는 느낌이 달랐습니다. 술꾼, 허영쟁이, 장사꾼, 지리학자, 가로등 켜는 사람… 이번에는 책 속에 소개되어 있는 수많은 어른들이 보였습니다. 어린왕자가 "어른들은 아무리 생각해도 너무 이상해"라고 반복해서 읊조리는데, 그 어른이 현실에서의 제 모습이었거든요. 그 어른들은 분명 제 어릴 적 『어린왕자』에도 변함없이 자리를 지키고 있었죠. 다만 제가 처해있는 상황과 제가 하고 있는 생각, 제가 필요로 하는 바가 달라졌습니다. 책은 변하지 않았지만 변화한 저로 인해 책이 건네는 메시지가 달라진 것입니다.

최근 다시 이 책을 펼쳤습니다. 이번에는 어린왕자도, 여우도, 장미도, 그 이상한 어른들도 아닌 다른 인물이 제 눈에 들어왔습니다. 이름 생소하고 특이하게 여겨졌던 저자, 생텍쥐페리였습니다. 그가 어쩌다 이 작품을 만들게 되었는지 궁금했습니다. 어떤 삶을 살아왔는지 궁금했습니다. 동화 속 내용보다도 도서 뒤편에 나열되어 있는 그의 일생을 유심히 살폈습니다. 그의 삶을 통해 역으로 책의 내용과 그 안에 담긴 철학에 접근했습니다. 그러자 또 보이지 않던 것들이 보였습니다. 책은 항상 그대로였는데 말이죠. 언제 읽느냐에 따라 책은 같아도 독서는 달라집니다.

아동문학가 트리나 폴러스의 『꽃들에게 희망을』이라는 그림책도 다시 읽게 되는 책입니다. 책의 주인공은 애벌레입니다. 애벌레들은 온 몸으로 애벌레 탑을 쌓습니다. 서로 그 탑의 꼭대기에 오르기 위해 기를 씁니다. 그 위해 정확히 무엇이 있는지는 모릅니다. 꼭대기는 구름에 가려 있거든요. 의구심이 들 때도 있지만, 다들 오르려는 모습을 보니 '분명 뭔가 있긴 하겠지'라는 마음으로 오릅니다. 계속해서 탑을 쌓고 계속해서 또 다른 애벌레들이 달려듭니다. 탑을 오르는 과정은 치열합니다. 위로 갈수록 탑의 폭은 좁아집니다. 더 높은 곳으로 가기 위해서는 누군가를 딛고 올라서야 합니다. 처음에는 함께 오르던 옆 애벌레도 위로 올라가면 결국에는 서로 경쟁 상대가 됩니다. 떠밀리지 않기 위해서 몸에 잔뜩 힘을 주고, 나를 딛고 올라선 애벌레를 극복하고자 노력합니다. 아직도 제일 높은 곳에 뭐가 있는지는 모르지만, 일단 오릅니다.

이런 무의미한 행위에 지친 주인공, 노랑 애벌레와 호랑 애벌레는 땅으로 내려와 행복한 삶을 삽니다. 풀밭에서 신나게 놀고 파릇한 풀을 뜯어 먹으며 남과 싸울 필요 없이 서로 사랑하며 지냅니다. 하지만 호랑 애벌레는 이내 곧 지겨움을 느낍니다. "이게 삶의 전부는 아닐 거야. 무언가 더 있을 게 분명해."라며 다시 애벌레들이 오르던 탑을 오르기로 결심합니다. 어쨌든 다른 애벌레들은 계속 탑을 오르고 있었으니까요.

홀로 남겨진 노랑 애벌레는 호랑 애벌레를 만나기 위한 방법을 찾아 나섭니다. 그때 나뭇가지에 매달려 있는 늙은 애벌레와 만납니다. 곤경에 빠진 것 같아 도와주고자 하는 노랑 애벌레에게 늙은 애벌레는 "나비가 되려면 이렇게 해야 한단다."라고 말합니다. 노랑 애벌레는 고민합니다. '아무것도 없는 솜털투성이인 애벌레가 나비가 될 수 있을까, 나비가 안 되면 어떡하지, 호랑 애벌레가 자신을 못 알아보면 어떡하지…' 하지만 결국 나비가 되기를 선택하고 고치를 만듭니다. 결국 나비가 되어 구름으로 가려져 있던 탑의 꼭대기로 오릅니다. 여전히 고군분투 중이던 호랑 애벌레를 만나게 되고요. 호랑 애벌레를 나비가 되는 길로 유도해 마침내 함께 나비가 되어 자유롭게 하늘을 훨훨 날게 됩니다.

어떤가요? 스토리가 아주 단순하고 일반적이죠. 전형적인 어린이용 그림책입니다. 그런데 『꽃들에게 희망을』 북리뷰를 남겼더니 특히 30~50대 여성분들이 잔뜩 찾아오시는 겁니다. 신기한 마음에 그 분들에게 여쭤보니 대부분 어릴 적에 이 책을 처음 접했다고 했습니다. 애벌레가 나비가 되어가는 이야기가 재밌어서, 그림이 예뻐서 재밌게 읽었고요. 그런데 부모가 되어 자녀를 위한 책을 찾다 『꽃들에게 희망을』을 보니 막상 본인이 감동을 받으신 겁니다. 그림을 보는 것만으로 마음의 치유를 얻고, 애벌레의 이야기를 보며 사실은 그게 우리네 삶을 표현하고 있음을 깨닫게 됩니다. 무작정 탑을 오르던 애벌레들을 보며 맹목적인 경쟁주의 삶을 반성하고, 나비가 되는 길을 선택하는 노랑 애벌레를 보며 새로운 용기를 얻고요. 나아가 노랑 애벌레가 호랑 애벌레를 나비의 길로 유도하듯, 소중한 사람들을 위하는 사랑의 마음을 다시 한 번 생각하게 되고요.

독서는 단순히 글자 읽기로 그치는 활동이 아닙니다. 그 안에 담기 의미와 내 사유를 연결하는 작업입니다. 책을 통해 단순히 정보 하나 얻는 데서 그치는 게 아니라, 독서 과정에서 사고력과 상상력을 기를 수 있다는 게 책의 매력입니다. 명작이 명작인 이유를 아시나요. 그건 해석의 빈자리가 있기 때문입니다. 독자가 바라보는 관점에 따라 작품은 우리에게 다른 메시지를 전합니다. 『어린 왕자』도 『꽃들에게 희망을』도 읽을 때마다 새로운 영감과 교훈을 줍니다.

제가 기필코 다시 읽게 되는 책들 대부분이 그렇습니다. 책의 내용 자체에는 변화가 없습니다. 하지만 그 책을 다시 펼쳐서 읽었을 때 얻게 되는 지식과 지혜에는 변화가 있습니다. 당시에는 잘 이해가 되지 않았던 내용이 쉽게 이해가 되는 경우도 있고, 그냥 지나쳤던 문구들이 제게 용기와 위안을 주기도 합니다. 몰랐던 사실들을 다시 알게 되는 경우도 있고, 당시에는 떠올리지 못했던 새로운 아이디어를 얻는 경우도 있습니다. 반대로 제가 이 책을 왜 좋아했는지 의아해지는 경우도 있습니다. 이 사실조차도 제게는 큰 의미가 있습니다. 앞으로 읽을 책의 방향을 잡을 때 참고할 수 있기 때문입니다.

조금 더 다시 읽기의 맛을 느끼고 싶다면, 읽을 때마다 자신의 감상을 가볍게 기록으로 남겨두세요. 시간이 지나 다시 책을 펼쳤을 때, 변화된 감상을 비교할 수 있습니다. 그 변천사를 보며 내 관점이 어떻게 변했고 내가 어떻게 성장하고 있는지를 살펴볼 수 있습니다. 과거의 추억도 다시 떠올려볼 수 있고요. 책의 내용을 재해석하는 데도 도움이 됩니다.

신간을 통해 최신의 지식과 지혜를 얻는 것은 좋습니다. 하지만 꼭 최신이어야만 하는 절대적 이유는 없습니다. 한 번씩은 책장을 뒤져 예전에 감명 깊게 읽었던 책을 다시 살펴보는 건 어떨까요. 새하얗고 빳빳한 종이의 새 책이 아닌, 조금은 누렇게 변색되고 꾸깃꾸깃한 헌책을 말입니다. 의외로 가장 가까운 곳에 숨겨진 보물이 있었다는 것을 알게 될지도 모릅니다.

기록이 당신을 거듭나게 합니다

자수성가한 부자들의 이야기를 파헤친 적이 있습니다. 어떻게 하면 부자가 될 수 있을까 싶어서요. 그들의 강의를 듣고 책을 읽고 실제로 만나 물어보기도 했습니다. 각자 살아온 방식도 다르고 부자가 된 방법도 달랐습니다. '꿈을 가져라, 매사에 감사해라, 긍정적으로 생각해라, 열심히 실천해라, 자신이 하는 일을 사랑해라.' 강조하는 교훈 역시 사람마다 달랐습니다. 다만 부자들이 공통으로 가지고 있는 특징이 하나 있었습니다. 그건 소비자가 아닌 생산자의 마인드를 가졌다는 것입니다.

생산자가 된다는 건 말 그대로 유무형의 제품 혹은 서비스를 만든다는 것입니다. 좀 더 넓은 범위로 확장한다면 어떠한 가치를 제공한다는 것이고요. 부자가 어떤 사람인가요. 돈이 많은 사람이죠. 자수성가형 부자들은 스스로 돈을 많이 번 사람들이고요. 돈을 번다는 건 일종의 교환이고 거래입니다. 상대방이 원하는 어떤 가치를 제공하고 이에 대한 답으로 돈을 받는 것이니까요. 부자들은 어떻게 하면 사람들에게 더 많은 가치를 제공할 수 있을지를 고민합니다. 그러기 위해 가치를 담고 있는 유무형의 제품과 서비스를 만들어내죠. 생산자가 되는 겁니다. 세상에 더 많은 가치를 제공할수록 더 많은 돈을 법니다. 반면 대부분의 사람들은 소비에 집중합니다. 더 많은 것을 사고 더 많은 것을 이용하려고 하죠. 그러니 돈이 줄어듭니다.

그런데 자세히 살펴보니 생산자의 마인드는 부자들에게만 해당되는 게 아니었습니다. 세상에 긍정적인 영향력을 끼치는 사람들 모두 생산자의 삶을 살고 있었습니다. 생산하는 품목은 모두 달랐지만, 가치를 담고 있는 자신만의 유무형의 무언가를 만들어내고 있다는 사실은 같았습니다. 다만 부자들과 달리 가치 제공에 대한 보답을 돈이 아닌 명예, 존경, 사랑 등이 비물질적인 것으로 받고 있었을 뿐이죠. 소비만 하는 삶이 아니라 생산하는 삶을 살았을 때 세상에 더욱 기여할 수 있는 것입니다.

독서의 측면에서 살펴볼까요. 대부분 책을 읽는 데만 집중합니다. 무언가를 열심히 배우고 익히는 데만 집중합니다. 배움을 배움으로만 그치고 활용하지는 못합니다. 다른 사람이 만들어놓은 유무형의 가치를 받아들이기만 합니다. 철저히 소비자로서의 삶에만 집중하는 것입니다. 물론 소비는 필요합니다. 어차피 모든 사람은 소비자의 삶을 살 수밖에 없습니다. 다만 소비를 했다면 생산도 해볼 수 있어야 합니다. 소비를 통해 배우고 축적한 것을 생산으로 연결시킬 수 있다면 그만큼 세상에 더 큰 기여를 할 수 있습니다. 사회에 더욱 긍정적인 영향력을 끼치는 존재로 도약할 수 있습니다.

정보의 소비자에서 생산자로 변화하세요. 책을 읽었으면 글을 쓰고, 공부를 했으면 남을 가르치고, 콘텐츠를 소비했으면 이제는 자기만의 콘텐츠를 만들어 보세요. 인풋이 있으면 아웃풋이 있어야 합니다. 순환하지 않은 것은 부패합니다. 자연의 모든 것은 순환할 때 건강합니다. 인간사도 결국 자연의 일부입니다. 계속 흘러야 건강하고 발전합니다. '돈도 돌고 돌기에 돈이라고 부른다'는 말이 있지 않습니까. 정보 역시 소비만 하지 말고 소비의 경험을 바탕으로 새롭게 정보를 생산해보세요.

독서를 통해 정보의 생산자가 될 수 있는 가장 쉽고 단순한 방법은 기록입니다. 텍스트든 이미지든 비디오든 어떤 형태로든 기록을 남겨 보세요. 꼭 대단한 걸 남겨야 되는 게 아닙니다. 지금 자신이 알고 있는 것, 경험했던 것, 느꼈던 것이면 됩니다. 남과 비교할 필요 없이 그저 자기 것이면 됩니다. 블로그BLOG라는 단어는 인터넷을 뜻하는 웹WEB과 기록을 뜻하는 로그Log의 합성어입니다. 브이로그VLOG는 영상을 뜻하는 비디오Video와 로그의 합성어입니다. 결국 시작은 기록입니다.

기록을 남겼다면 이제 그 기록을 사람들과 공유해보세요. 혼자 갖고 있으면 기록이지만 공유하면 콘텐츠입니다. 공유하는 순간 콘텐츠 크리에이터가 되는 것입니다. 파워블로거도, 유튜버도, 인플루언서도 결국에는 꾸준히 기록을 남기고 이를 공유한 사람들이 되는 겁니다. 세상의 많은 예술가 역시 마찬가지고요. 자신의 앎과 느낌과 감정을 각자의 방식으로 이용해 사람들에게 감동과 위안을 주지 않습니까. 단순히 타인의 작품을 소비하기만 했고 감상하는 데서만 그쳤다면 세상을 움직이는 걸작은 탄생하지 않았을 것입니다.

군 복무를 마치고 복학 후 처음으로 맞이하는 학기 초반이었습니다. 제가 다니던 학교의 공대는 3학년 때가 전공과목 비중이 제일 높았습니다. 선배들도 3학년 때가 공부하기 제일 힘들었다고 말했습니다. 군 복무기간을 마치고 전공 공부가 제일 힘든 학기에 복학해 잔뜩 긴장하고 있었습니다. 그런데 예상치 못한 과제를 하나 받았습니다. 독후감을 써서 제출하는 것이었습니다. 공대 특성상 이런 과제가 흔하지는 않았습니다. 교수님께서 지정하신 도서는 프레드릭 윈즐로 테일러Frederick Winslow Taylor의 『과학적 관리의 원칙』이었습니다. 저자인 테일러는 '과학적 관리'라는 새로운 패러다임으로 미국 산업의 엄청난 생산성 향상을 불러일으킨 인물이죠.

책 표지를 보는 순간부터 감이 오더군요. 쉽고 재밌게 읽을 만한 책은 아니었습니다. 그래도 어쩌겠습니까. 과제는 해내야죠. 잘 읽히지는 않았지만 그래도 포기하지 않고 끝까지 읽었습니다. 읽는데서 끝이 아니죠. 감상문을 써야했습니다. 읽는 건 그래도 어떻게든 하겠는데 쓰는 건 다른 문제더군요. 며칠을 고심하며 겨우 과제를 완성할 수 있었습니다.

힘들게 완성한 과제였습니다. 그런데 교수님께 평가를 받고 제출한 자료를 돌려받으니 그냥 쌓여있는 종이 몇 장에 불과한 겁니다. 그 한 글자 한 글자를 쓰기 위해 얼마나 많은 시간을 고뇌 속에 빠져 있었는데 말이죠. 이대로 날려버리기는 아쉬운 마음에 당시 시작한지 얼마 안된 개인 블로그에 독후감을 올렸습니다. 작성했던 내용을 다시 타이핑하고 책 표지 사진 한 장을 함께 첨부했습니다.

그렇게 시간이 흘렀습니다. 그런데 어느 날 블로그 방문자 수가 갑자기 늘어난 겁니다. 게다가 평소 아무런 반응도 없는 공간에 누군가 공감 버튼을 누르고 댓글을 남기더군요. 스크랩도 하고요. 그런 사람들이 한두 명씩 늘어났습니다. 나중에는 따로 감사하다는 쪽지가 오기도 했습니다. 제가 올려놨던 『과학적 관리의 원칙』 독후감 때문이었습니다. 책의 내용이 궁금하거나, 혹은 저처럼 책이 어려웠던 분들이 검색을 통해 제 블로그에 찾아오신 겁니다.

평가를 마친 과제를 방치했더라면 그저 폐종이 몇 장으로 끝났을 겁니다. 그런데 내용을 다시 블로그에 올려 공개하니 제 과제는 하나의 콘텐츠가 되어 사람들에게 영향을 끼치고 있었습니다. 제가 올린 콘텐츠에 사람들은 감사하다며 연락을 주셨고요. 몇 년간 살펴보니 신기하게도 그 반응들이 꼭 한 학기가 시작되는 시점에 몰려있었습니다. 어려운 독서와 과제하시는 데 조금이나마 참고가 되었길 바랍니다.

어찌 보면 대한민국 수많은 대학생 중 한 명의 과제 중 하나일 뿐인 독후감이었습니다. 그런데 이렇게 공유를 하니 새로운 가치를 만들어냈습니다. 그때 느꼈습니다. 꼭 대단한 걸 만들어야만 콘텐츠가 아니고, 꼭 대단한 사람만 콘텐츠 크리에이터가 될 수 있는 게 아니라는 걸 말이죠.

책을 읽었다면 이제 글을 한 번 써보세요. 북리뷰 혹은 서평을 쓰는 겁니다. 부담된다면 용어나 형식에 구애받지 말고 그냥 '끄적이기'라고 생각하세요. 한 문장을 써도 되고 한 글자를 써도 됩니다. 뭐라도 좋습니다. 중요한 건 얼마나 잘 쓰냐가 아니라 자기 목소리로 자기 생각과 느낌을 표현했다는 사실에 있습니다.

'전 글에 소질이 없어요', '대체 무슨 내용을 써야 할지 모르겠어요.' 이렇게 말하는 분들도 괜찮습니다. 특별히 글에 소질이 없어도 됩니다. 타고난 소질을 가진 선택된 사람들만 글을 쓰는 게 아니잖아요. 다른 사람에게 잘 보일 필요도 없습니다. 일단은 자기표현이 중요합니다.

저 역시 심리적 부담감이 컸습니다. 책을 리뷰하는 전문가가 아니니까요. 평소 글을 쓸 일 자체가 없었습니다. 써봤자 늦은 밤 감수성이 폭발해 끄적이는 오글거림 넘치는 몇 글자 정도였을 뿐입니다. 전공도 공학이었기에 의무적으로 쓸 일조차 많지 않았고요. 책을 읽고 글을 쓴다는 것 자체가 어색하고 두려웠습니다. 자기 검열도 심했습니다. "내가 써도 될까?" "다른 사람들이 이상하게 보면 어떡하지?"라는 잡념에 빠지기도 했습니다. 막상 다른 사람들은 내가 쓴 글에 관심도 없었는데 말이죠. 글을 쓰는 행위를 시작도 안 했으면서 어떻게 하면 수준 높은 글을 쓸지부터 고민했습니다. 이제 막 기어 다니는 아이가 100M 육상 경기에서 성적이 나쁘면 어떨지를 걱정한 겁니다. 괜한 고민이었습니다. 쓸데없는 두려움이었습니다. 그냥 가벼운 마음으로 쉽게 시작하기로 했습니다. 독후감으로 우주를 구할 것도 아니니까요.

첫 글자를 시작하기 전 그 공백의 압박감, 이것부터 뚫고 나가야 했습니다. 처음에는 그냥 '이 책은 어떻게 읽게 되었고 대략 무슨 내용이다'라는 식으로 몇 줄 써놓은 게 전부였습니다. 내용이 없는 게 너무 민망해 목차 그대로 옮겨 적을 때도 있었고, 밑줄 그은 내용만 그대로 입력해놓을 때도 있었습니다. 진짜 단 한 줄만 끄적여놓을 때도 있었습니다. '내용 없음'이라고 말이죠. 지극히 소소하고 개인적인 넋두리를 남겨두기도 했고요. 대신 어떻게든 일단 써보는 일에 집중했습니다. 무슨 일이든 처음에는 일단 익숙해지고 습관을 만드는 게 중요하니까요. 쓰다 보면 자연스럽게 실력이 늘 것이라는 믿음이 있었습니다. 얼마나 글을 잘 쓰게 될지는 몰라도, 어쨌든 지금보다는 잘 쓸 게 뻔했거든요. 실력이 없는 첫 번째 이유는 안 했기 때문입니다. 일단 하다보면 자연스레 그 다음 길이 보일 것입니다. 실제로 그랬습니다.

의무적으로 남겨야 할 내용은 없습니다. 특별히 정해진 양식도 없고 특별히 맞춰야 할 공식이나 법칙도 없습니다. 학창 시절 배운 '도입-전개-위기-절정-결말'과 '기-승-전-결'의 구조는 잠시 잊어버리세요. 논리적인 구조를 세우는 연습, 당연히 필요합니다. 뼈대를 어떻게 세우느냐에 따라 글이 전달되는 정도는 완전히 달라집니다. 하지만 글을 쓰는 행위 자체가 어색한 사람들에게는 일단 글쓰기가 익숙해지는 일이 먼저입니다. 일방적으로 정해진 구조부터 들이대면 아무도 글을 쓰지 못합니다. 처음 외국어 배우는 사람한테 문법, 시제 다 따져가면서 대화하라고 하면 누가 입을 열겠습니까.

그냥 생각나는 대로 느낌이 오는 대로 본인이 남기고 싶은 내용을 끄적이세요. 책의 핵심 내용을 써도, 느낀 바 있는 그대로 써도 됩니다. 책을 다 읽었으나 아무런 느낌이 없었다면 그냥 아무런 느낌이 없었다고 쓰세요. 이 책에서는 반드시 이 점을 느껴야 한다거나, 이 책을 읽고 나서 반드시 있어야만 하는 변화 같은 건 없습니다. 느낌이 없다는 걸 느끼는 것도 값진 겁니다. 특정 결과가 있기를 바라기보다는 그냥 느끼는 과정 자체에 집중하세요. 자신의 언어와 목소리 있는 그대로 자유롭게 끄적이세요. 여기서부터 모든 게 시작됩니다.

이렇게 책을 읽고 뭐라도 쓰는 일은 정보의 생산자가 되는 것은 물론 독서 효과를 높이는 데도 큰 힘이 됩니다. 끄적이다 보면 자연스럽게 책 내용과 본인의 감상을 다시 한 번 돌아보게 되거든요. 내가 읽은 책의 내용이 무엇이었는지, 책을 통해 얻은 점이 무엇인지, 어떤 느낌을 받았는지 말이죠. 소가 소화를 위해 되새김

질 하듯, 책을 온전히 느끼기 위해 곱씹는 일입니다. 그러면서 책의 내용을 자기화합니다. 독서를 하면 머릿속에 많은 지식과 지혜가 들어옵니다. 그건 아직 독자의 것이 아닙니다. 저자의 색과 향이 짙게 배 있죠. 하지만 끄적이는 과정에서 독자의 생각과 이야기가 함께 버무려집니다. 독자는 점차 저자의 지식과 지혜를 자신의 색깔과 언어로 소화합니다. 머리로 이해하고 마음으로 담고 몸으로 행하는 것, 이게 책을 자기화하는 핵심입니다.

좀 더 독서 효과를 높이고 싶다면 다른 사람을 가르친다는 생각으로 글을 써보세요. 몸이 아파 결석한 연인을 위해 수업 내용을 간략히 정리해서 알려준다는 느낌으로 말이죠. 미국 행동과학연구소NTL, National Training Laboratories에서 발표한 '러닝 피라미드'는 학습 활동을 강의 듣기, 읽기, 시청각 수업 듣기, 시범 강의 보기의 수동적 학습법과 집단 토의, 실제 해보기, 서로 설명하기의 참여적 학습법으로 구분했습니다.

여기서 중요한 건 단순히 어떤 학습법이 더 우월한가가 아닙니다. 얼마나 균형 있고 다채롭게 학습을 하고 있냐는 겁니다. 사람들은 대체로 듣고 읽는 수동적 학습 방법에 익숙해져 있습니다. 어릴 적부터 그런 방식의 교육을 받아왔거든요. 더 나아가 사람들과 토의도 하고 실천하고 다른 사람에게 가르치는 참여적 학습법도 병행하세요. 책으로부터 얻는 학습 효과가 극대화됩니다.

독서를 하며 책 속에 담긴 귀한 정보들을 소비하세요. 저자가 자기 삶을 통해 경험한 배움을 손쉽게 습득하세요. 소비로만 그치지 말고 습득한 배움을 자기화하세요. 자신의 색깔과 향기를 입히세요. 이제 자기화한 배움을 세상에 내놓으세요. 거창한 게 필요한 게 아닙니다. 작은 기록, 사소한 흔적부터 시작하세요. 누군가는 당신의 정보를 필요로 할 것이며, 그 순간 당신은 정보의 생산자로 거듭나게 되는 것입니다.

북리뷰 작성하는 나만의 노하우

"북리뷰를 작성하시는 노하우 좀 알려주세요."

책을 읽고 수 백편의 리뷰를 남겨왔습니다. 조금씩 반복하자 이제는 책을 읽고 글을 남기는 과정에 대한 저만의 패턴과 노하우가 생겼습니다. 물론 이 패턴이 정답은 아닙니다. 이 패턴이 우월한 것도, 모두가 이 패턴을 따라야할 것도 아닙니다. 저 역시 이것에 얽매이지 않습니다. 단지 제가 바쁜 와중에도 꾸준히 책을 읽고 소화하며, 글쓰기에 대한 부담을 줄이고 흔적을 남기는 데 도움이 되는 방식입니다. 그러니 참고만 하시는 게 좋습니다.

이렇게 남기는 글도 서평이라 하지 않고 '북리뷰' 혹은 '책리뷰'라고 표현하고 있습니다. 같은 뜻입니다. 그런데 왠지 모르게 서평이라는 단어에서는 격식과 부담이 느껴졌습니다. 그냥 북리뷰라고 하니 좀 더 마음이 편해졌습니다. 앞서 글쓰기를 '끄적이기'

라는 표현으로 바꿔보라고 말씀드린 이유도 이와 같습니다. 비슷한 뜻이더라도 사용하는 용어에 따라 사람이 받는 느낌이 많이 달라지거든요. 용어를 바꾸고 부담감이 내려가니 조금 더 자유롭게 끄적일 수 있었습니다. 무언가가 자신의 도전과 행동을 얽매게 한다면 잠시 무게를 내려놔도 좋습니다. 자기만의 또 다른 무언가로 대체해도 괜찮습니다.

우선 책을 읽어야겠죠. 이 때 밑줄을 긋고 메모를 하거나, 앞서 말씀드린 접착 메모지를 활용합니다. 책을 다 읽고 나서도 책이 어떤 내용이었는지 잊어버릴 때가 많습니다. 순간적으로 떠올랐던 아이디어나 생각을 놓치는 건 부지기수고요. 그래서 메모를 하고 흔적을 남깁니다.

이제 북리뷰의 도입부를 씁니다. 책의 핵심 메시지로 시작하면 좋습니다. 보통 책의 머리말, 프롤로그, 저자의 말 등에 핵심 철학과 메시지가 담겨 있습니다. 책의 마지막 장을 덮는 순간 핵심 메시지가 떠오르지 않는다면 이 부분을 다시 한 번 살펴봅니다. 부제나 띠지에 담겨 있는 문구를 다시 살펴보는 것도 도움이 됩니다. 책의 전반적인 내용을 요약하거나, 저자에 대한 간략한 소개로 글을 시작해도 좋습니다. 책과 관련된 자신의 이야기로 글을 시작하는 방식도 좋아합니다. 글에 저만의 향이 담기거든요.

본격적으로 본문을 써야겠죠. 이 때 밑줄을 그어 놓은 내용이나 접착 메모지를 붙여 놓은 부분을 빠르게 다시 한 번 훑어봅니다. 그 한 번의 일만으로도 책의 전체 흐름과 그림을 다시 파악할 수 있습니다. 메모해놓은 내용과 밑줄을 그어놓은 문장을 보면 제가 무엇에 감동을 느꼈고 어떤 울림을 받았는지, 책을 읽으며 떠올랐던 생각들이 무엇이었는지도 회상할 수 있습니다. 책의 뼈대인 목차도 한 번쯤 훑어보면 좋습니다.

그 다음 제가 쓸 글의 구조를 만듭니다. 건물을 지을 때 무작정 벽돌을 쌓는 것과 설계도를 보고 벽돌을 쌓는 것에는 큰 차이가 있지 않습니까. 글도 마찬가지입니다. 책에 표시해둔 내용들을 바탕으로 미리 구조를 만들어놓으면 글쓰기가 훨씬 편해집니다. 표시해놓은 내용들을 각각 하나의 블록이라 생각하세요. 꼭 책의 순서 그대로 내용을 나열할 필요는 없습니다. 블록들을 펼쳐놓고 이리저리 맞춰가며 원하는 건물 혹은 그림을 만들어 가면 됩니다.

이 때 별도 마인드맵 프로그램을 활용하기도 합니다. 기록해놓은 내용들을 순서에 상관없이 이리 붙이고 저리 붙이고 마음대로 뒤바꿀 수 있거든요. 중요한 문구나 메시지, 키워드를 여기저기 손보면서 자기 나름대로 글의 흐름을 잡습니다. 정보를 새롭게 편집하는 과정입니다. 이런 작업을 하지 않으면 글쓰기가 어려워집니다. 뭔가 쓰긴 하는데 저도 제가 무슨 말을 하는지 모르겠거든요. 별도 무료 소프트웨어 프로그램을 활용해도 좋고, 아니면 노트나 메모지를 활용해도 좋습니다. 개인적으로는 줄이나 무늬가 없는 종이를 선호합니다.

책을 읽고 나서 가급적 바로 이렇게 정리를 해놓는 게 좋습니다. 기억도 감동도 가장 생생하게 남아 있을 때, 독서의 흐름이 온몸에 유지되어 있을 때 해버리면 일이 쉬워지거든요. 다만 하루 24시간 책만 읽을 수 있는 상황이 아니죠. 독서가 본업이 아니니까요. 보통 평일에는 일로 바쁘기에 주말을 이용해 한 번에 독서를 정리하기도 합니다. 이때 종종 분위기 좋은 카페나 외부 공간을 활용합니다. 집과 사무실이 아닌 다른 공간이라 기분이 전환되거든요. 게다가 하루 종일 머무를 수 있는 공간이 아니기에 주어진 시간 동안 집중하게 되는 효과도 있습니다. 노트북을 들고 가나 일부러 충전용 어댑터는 안 가져가기도 합니다. 한정된 배터리 용량이 자연스레 마감 시간을 만들어 줍니다. 그러니 현재에 더 몰입하게 됩니다.

뼈대를 세웠으니 이제 살을 붙여야 합니다. 구조화된 도식 혹은 마인드맵을 바탕으로 본문 글을 작성합니다. 책 전체 내용을 정리한다고 보면 됩니다. 책의 중요한 내용들을 몇 가지로 요약하여 적거나, 저자의 의도와 자신의 생각을 조합해서 끄적입니다. 소설의 경우 전체 줄거리를 요약하거나, 인물로부터 받은 인상이나 배움을 서너 가지로 정리해보기도 합니다. 인상 깊은 문구를 적은 뒤 각 문구별로 자신의 생각을 기록하는 방식도 좋습니다. 본문을 쓰는 게 너무 어려울 때 자신의 색깔을 담아 끄적이는 방법입니다. 형식과 방법에 앞서 자신의 느낌이 먼저입니다.

이제 마무리입니다. 마지막으로 책의 전체 내용에 대해 평가하거나, 자신의 생각과 감상을 간략히 기록합니다. 책이 다루고 있는 분야에 대한 앞으로의 전망이나, 책에서 느꼈던 한계와 아쉬움, 책이 갖고 있는 사회적 의의를 적기도 합니다. 때로는 풀리지 않거나 추가로 든 의문으로 마무리할 때도 있습니다. 책을 읽은 사람으로서 앞으로의 변화된 계획을 간략히 적을 때도 있습니다. 책을 읽을 또 다른 사람들을 대상으로 무언가를 권유해볼 수도 있습니다.

본문에 적어놓지는 못했지만 챙겨두고 싶은 문구가 있다면 별도로 기록해두는 게 좋습니다. 나중에 다시 찾게 될 때가 많거든요. 다른 글을 쓸 때 인용하고 싶을 때도 있습니다. 혹시 생각나는 글이나 다른 책이 있다면 이를 별도로 기록해두는 것도 좋습니다. 온라인에 기록한다면 가볍게 링크를 걸어두면 됩니다. 생각의 범위가 넓어지는 데 도움이 됩니다.

처음부터 너무 구성과 형식, 방법론에 집착하지 마세요. 우선은 자유롭게 자기 생각과 느낌을 끄적이세요. 반복을 통해 점점 책을 읽고 무언가를 끄적이는 행위가 익숙해진다면, 그때부터 조금씩 자신만의 체계를 잡아가면 됩니다. 부담이 돼 아무것도 시작하지 못하는 것보다는, 일단 어설프고 작게라도 시작하는 게 중요합니다. 오늘부터라도 한 편씩 자신의 기록을 남겨가세요. 끄적임이 남는 하루를 스스로에게 선사하세요.

주체적으로 독서하는 방법

사람들이 자기답게 성장하는 일에 관심이 많습니다. 이에 도움이 되는 책이라면 분야를 가리지 않고 읽고 배우려고 노력하고 있습니다. 어느 분야든 다 사람에게 이로운 점이 있고 배울 게 있다고 생각하거든요. 이런 저런 책을 읽던 중 과학 실험을 근거로 사람의 생각과 마음이 얼마나 위대한지를 말하는 내용을 보게 되었습니다. 바로 '이중 슬릿 실험'이었습니다.

최대한 단순하게 표현하겠습니다. 여러분 앞에 철판이 하나 있습니다. 그 뒤에는 검은색 스크린이 있네요. 철판에 세로로 긴 구멍을 뚫었습니다. 이 구멍을 향해 물감을 묻힌 야구공을 마구 던져볼까요. 그럼 어떤 결과가 생길까요. 구멍을 통과한 야구공은 뒤편 스크린에 물감을 묻히고, 구멍을 통과하지 못한 야구공은 그냥 철판을 튕겨 나오겠죠. 실험이 끝나고 보면 스크린에는 구멍

모양처럼 세로로 긴 띠가 생길 겁니다.

이제 철판에 긴 구멍을 2개 뚫었습니다. 역시나 물감을 묻힌 야구공을 마구 던졌습니다. 마찬가지로 구멍을 통과한 야구공은 스크린에 흔적을 남기고 그렇지 못한 야구공은 철판을 튕겨 나올 겁니다. 실험이 끝나고 스크린을 보면 어떤 결과가 있어야 하죠. 당연히 세로로 긴 띠가 2개 생길 거라고 예상할 수 있습니다. 그런데 여러 개의 띠가 남아 있습니다. 공이 철판의 구멍을 지나 자기 마음대로 회전한 것도 아닐 텐데 말이죠.

실제로는 야구공이 아니라 빛이었습니다. 과거에는 빛을 입자라 생각했습니다. 그렇다면 당연히 띠가 2개가 나와야 하는데 여러 개의 띠가 나왔습니다. 이런 현상은 물결과 같은 파동일 때만 가능한 일이었습니다. 그런데 빛은 분명 입자의 성질도 띠고 있었습니다. 과학자들은 결국 빛은 입자와 파동의 형태를 모두 갖고 있다는 결론을 내릴 수밖에 없었습니다.

그런데 누가 봐도 입자라고 생각했던 전자Electron를 가지고 실험을 해보니 놀랍게도 같은 결과가 나오는 겁니다. 실제 야구공을 던지듯 전자총으로 전자를 쐈더니 띠가 여러 개 생겼습니다. 전자는 물질을 구성하는 작은 단위인 미립자에 해당합니다. 이 말은 물질이 입자의 형태와 파동의 형태를 동시에 띤다는 말이죠. 이를 과학계에서는 '물질의 이중성'이라고 부릅니다.

과학자들은 호기심이 많습니다. 철판에 뚫어놓은 구멍 하나에 검출기를 설치했습니다. 전자가 지나갈 때 이를 사진 찍듯 관측하는 장치입니다. 전자가 어느 구멍을 지나가는지 살펴보기 위해서죠. 처음 실험과 마찬가지로 전자를 마구 쐈습니다. 그런데 이번에는 띠가 2개만 생기는 겁니다. 검출기가 없을 때는 스크린에 파동처럼 여러 개의 띠를 보여주고, 검출기가 있을 때는 스크린에 단 2개의 띠만 보였습니다. 마치 과학자들을 대상으로 장난이라도 치는 것처럼 말이죠.

책에서는 이렇게 말합니다. "이중 슬릿 실험 결과, 사람이 어떤 의도를 갖고 바라보느냐에 따라 물질을 이루는 작은 단위인 미립자가 입자의 형태를 띠기도 파동의 형태를 띠기도 했다." 분명 미립자가 처음에는 파동의 형태를 보여주다가, 어느 구멍을 지나가나 관측하려고 보니 입자의 형태를 보여줬으니 말이죠. 사람의 생각과 마음의 힘이 그만큼 물질세계에 영향이 있다는 겁니다. 물질을 구성하는 전자의 성질을 바꿔버릴 정도로요. 기적 같은 일이죠.

많은 분들이 이 책을 읽고 '아, 이렇게 마음의 힘이 크구나. 어떤 마음을 갖느냐가 중요하겠다. 긍정적으로 살아야지'와 같은 교훈을 얻으셨을 겁니다. 어쩌면 내 의도에 따라 물질세계를 마음대로 움직일 수 있다는 마법과 같은 힘을 기대하셨을 수도 있고요.

관측 여부에 따라 물질이 입자의 성질도 갖고 파동의 성질도 갖는 기적 같은 일이 벌어졌으니까요.

그런데 전 이중 슬릿 실험의 결과가 '실험을 관찰하는 사람의 의도에 따라 물질이 입자가 되기도 파동이 되기도 한다'라는 명제로 연결되는 게 과연 과학적인 접근인지 궁금했습니다. 책이 사람들에게 꿈과 희망을 주는 것과는 별개로 말이죠. 실험 결과를 통해 철학적 교훈을 얻는 것과, 실험 결과를 과학적 사실이라고 정의하는 데는 큰 차이가 있거든요.

이 내용에 대해 좀 더 과학적으로 접근해보고 싶었습니다. 그런데 여기서 과학적이라는 게 과연 무엇일까요. 돌이켜보니 지금껏 '과학'이라는 단어를 수없이 사용해봤지만 막상 과학이란 무엇인지, 과학적으로 접근한다는 게 과연 어떤 것인지 스스로 생각을 정리해본 적이 없었습니다. 그냥 과학 과목이 있으니 수업을 듣고 공부하고 시험을 본 게 전부더군요. 그래서 찾게 된 책이 리처드 필립 파인만Richard Phillips Feynman의 『과학이란 무엇인가』였습니다.

그는 노벨물리학상 수상자이자, 아인슈타인 이후 최고의 천재 물리학자라고도 불리는 과학자입니다. 과학적 성과도 성과지만, 어린 아이 같은 호기심과 유머, 어려운 과학을 쉽게 전달하는 능력으로도 유명했던 사람이죠. 『과학이란 무엇인가』는 그가 '과학이란 무엇이며 사회 다른 영역에 어떤 영향을 끼치는가'를 주제로 강연한 내용을 엮은 책입니다. 그는 책을 통해 이렇게 말합니다.

> "끊임없이 의심하는 자유의 가치를 알리고, 의심은 결코 공포의 대상이 아니며, 인류의 새로운 잠재 능력을 가능케 하는 소중한 것이라는 사실을 다음 세대들에게 가르쳐야 할 책임을 느낀다."

리처드 파인만은 도대체 왜 '의심'을 중요하게 여긴 걸까요. 그의 뜻을 알기 위해서는 우선 과학의 정의를 이해해야 합니다. 그는 『과학이란 무엇인가』에서 문제를 푸는 방법으로서의 과학을 이야기합니다. 이 관점에서 과학을 짧게 정의한다면 '가설을 세우고 실험을 통해 그것을 검증하는 경험론적인 방법'이라 할 수 있습니다. 만약 처음에 세운 가설이 옳은 것으로 판명되면 이론으로 발전하고, 그게 아니라면 폐기됩니다.

옳은지 아닌지 심판하고 가설을 증명하는 건 '관찰'입니다. 과학은 어디까지나 실험으로 관찰한 결과를 통해 옳고 그름을 판단합니다. 권위자의 말보다 실제 실험 결과가 중요합니다. 결과와 맞지 않는 한, 리처드 파인만과 같은 권위자의 주장도 효력을 잃습니다. 또한 이미 검증된 이론일지라도, 그 이론을 반박하는 새로운 관찰 결과가 나올 경우 폐기될 수 있습니다. 기존의 권위, 검증, 이론도 모두 부정당할 수 있는 게 과학이죠.

사람들이 과학을 신뢰하는 이유가 여기에 있습니다. 과학의 발전에 지대한 공헌을 한 권위자의 연구 결과도 틀릴 수 있음을 인정합니다. 스스로를 부정하는 데는 대단한 용기가 필요합니다. 결코 쉬운 일이 아닙니다. 하지만 그런 과정을 거치기에 합리적일 수 있는 거죠. 그 시작이 의심입니다. 당연한 것이 과연 당연한 것인지, 지금의 것이 전부인지 의심하는 일에서 가설이 생깁니다. 가설이 관찰을 통해 이론으로 발전하게 되고요.

과거에는 지구가 태양계의 중심이라고 믿었습니다. 하늘을 보니 해와 달과 별들이 조금씩 움직이는 것을 관찰할 수 있었습니다. 모두가 지구 위에 안정적으로 서있는 것을 관찰할 수 있었습니다. 만약 지구가 움직이고 있다면 이런 현상이 일어날 수 없다고 믿었습니다. 그러니 지구는 가만히 있고 다른 모든 것들이 움직이고 있다는 천동설로 결론을 내린 것입니다. 물론 인간은 특별한 존재이기에 태양계의 중심이라는 사고관도 영향을 끼쳤지만 말이죠.

하지만 지금 결론은 어떻습니까. 태양이 태양계의 중심이라는 객관적 증거가 나왔습니다. 새로운 관찰 결과가 나왔죠. 많은 혼란이 있었지만, 객관적으로 따져보고 관찰해 봐도 태양이 태양계의 중심이라는 게 자명했습니다. 결국 기존에 진리라고 믿었던 천동설을 폐기하고 지동설을 받아들였습니다. 스스로를 부정한 셈이죠.

그러므로 과학적 규칙 혹은 법칙이란 지금 시대에 주어진 관찰에 일치하는, 우리가 찾을 수 있는 가장 좋은 '추측'이라 할 수 있습니다. 언제 또 새로운 관찰을 통해 스스로를 부정하게 될지 모르거든요. 리처드 파인만 역시 과학적 지식이라 부르는 것들은 '확실한 정도가 제각기 다른 여러 진술들의 집합체'라고 말했습니다. 과학은 항상 가능성에 열려 있습니다.

과학적 사고에서 '의심'은 중요합니다. 우리가 가지고 있는 생각과 지식은 항상 불완전합니다. 그게 정말 옳은지 의심하는 데서 과학의 발전이 출발합니다. '의심할 수 있는 자유.' 리처드 파인만이 중요하게 여길 수밖에 없는 철학이죠. 한 번쯤, 지금껏 알고 있는 것들이 과연 진실일지 의문을 가져볼 필요가 있습니다. 지금껏 내가 배운 개념, 내가 믿고 있던 신념, 당연하게 갖고 있던 관념이 과연 사실일지 질문을 던져봐야 합니다. 생각보다 우리는 많은 고정관념에 싸여 있습니다. 잘못된 고정관념인 경우도 많고요.

'알프스'라고 하면 우리는 흔히 스위스를 떠올립니다. 사실 알프스 면적의 28.7%는 오스트리아 국토입니다. 스위스는 13.2%를 차지하고 있고요. 2배 이상 차이가 나죠. 땅콩을 견과류라고 생각하시나요. 땅콩은 견과류가 아니라 콩류에 속합니다. 땀 자체에는 냄새가 없습니다. 금방 흘린 땀을 냉장고에 넣어두면 냄새가 전혀 나지 않습니다. 단지 박테리아가 작용하면서 냄새가 나는 겁니다. 벌은 침을 한 번 쏘면 죽는다고 알려져 있지만 말벌과 여왕벌 등은 반복해서 침을 쏠 수 있습니다. 모유를 아기를 위한 완전식품이라 여길 수 있지만 모유에는 비타민 D가 턱없이 부족합니다. 햇볕도 쐬고 따로 영양제도 챙기는 이유죠. 코끼리 살갗이 두꺼울 것 같지만 실제로는 2~4cm밖에 되지 않습니다. 각질층 바로 아래까지 혈관이 퍼져 있어 자극에 매우 민감하죠. 막연하게 믿고 있는 상식, 견고하게 쌓아온 고정관념이 진실이 아닌 경우가 많습니다.

의문을 가지고 읽어 보세요. 이게 과연 진실일까, 다르게 바라볼 수는 없을까, 저자는 왜 이런 이야기를 하게 되었을까, 다른 사람도 이렇게 생각할까. 때로는 건전한 비판이 될 수도 있고 때로는 어설픈 오해가 될 수도 있지만 이 모든 과정이 주체적으로 책을 읽는 방법이라 생각합니다. 질문을 통해 자신만의 답을 찾는 것도 중요합니다. 하지만 답을 찾아가는 과정 자체만으로도 큰 의미가 있습니다. 의심하고 질문을 던지고 파헤치는 과정을 통해 주체적으로 생각하는 힘을 기를 수 있으니까요.

앞서 말씀드린 이중 슬릿 실험에 대한 내용을 파헤치며 느꼈습니다. 제가 읽은 책의 실험 해석이 맞는지 아닌지를 따지는 건 저에게 큰 의미가 없다는 것입니다. 객관적인 사실Fact는 참고하고, 주관적인 의견Opinion은 배울 점은 배우고 아닌 점은 그냥 넘기면 되니까요. 대신 이렇게 책의 내용을 의심하고 새로운 질문을 던지고 답을 찾아가는 과정 자체가 저를 성장시키고 있었습니다. 덕분에 평소 읽지 않았던 새로운 책도 읽고, 오랜만에 과학 공부도 했고 말이죠.

주체적으로 책을 읽는 연습을 해보세요. 이는 책을 통해 얻는 몇 개의 정보보다 더욱 값진 선물입니다. 우리가 학교에서 과학을 공부하는 것도 과학 이론, 과학자, 과학사를 좀 더 알기 위해서라기보다는 궁극적으로는 '과학적으로 사고하는 법' 때문이지 않습니까. "도대체 수학을 왜 배워요?"에 대한 답으로 수학적 사고를 내세우고, 현재 열풍인 코딩 교육의 핵심이 코딩 언어 암기가 아닌 컴퓨팅 사고력Computational Thinking의 함양이라고 하는 것처럼 말이죠.

의심을 갖고 의문을 던지다보면 때로는 기존의 내가 믿고 생각했던 것이 잘못된 것임을 깨닫게 됩니다. 그 순간 그동안 내가 했던 생각과 말과 행동이 부끄러움과 동시에, 오히려 새로운 진실을 부정하고 싶은 마음도 생깁니다. 기존의 내 앎을 부정하는 일이

'나 자체'를 부정하는 것처럼 두렵게 느껴지기 때문입니다. 진정한 성장과 도약을 원한다면 이 단계에서 조금의 용기를 내보세요. 기존의 것을 내려두고 새로운 진실을 받아들였을 때 우리는 한 단계 더 성숙해질 수 있으니까요.

> "일관성은 절대적 덕목이 아니다. 오늘 내가 어제와는 다른 통찰을 했다면 오히려 방향을 바꾸는 것이 더 일관성이 있는 게 아닐까? 그러면 과거에 대해서는 일관성이 없어지겠지만, 진리에 대해서는 더 일관성이 있는 것이다. 일관성이란 자기가 인식한 진리를 따르는 것으로 지켜진다."
>
> - 모하메드 간디

#성공 : 읽는 것과 하는 것의 차이

성공하고 싶었습니다. 끊임없이 성장하며 제 가치를 높이고 싶었습니다. 딱히 꿈이 뭔지는 모르겠지만 어쨌든 꿈을 이루고 싶었습니다. 책이 눈에 들어왔습니다. 특히 자기계발서를 중심으로 실용서, 경제 · 경영서가 제 눈길을 끌었습니다. 무작정 읽었습니다. 성공한 사람들의 이야기를 통해 열정을 얻고, 그들의 방법론을 공부했습니다. 다양한 성공 사례와 그 안에 담겨 있는 법칙들을 조사했습니다. 시간 관리, 목표 관리, 업무 관리, 계획 세우기, 기록하는 법, 마인드 세팅, 종합적인 자기 관리… 도서관에 자리 잡고 앉아 책을 읽었습니다. 도서관이 문을 닫을 때는 최대 대여 한도까지 책을 빌려와 읽고 또 읽었습니다.

많은 정보를 얻었고 지식을 쌓았습니다. 같은 주제의 책에서 공통으로 이야기하는 것과, 책마다 갖고 있는 차별점이 무엇인지 보였습니다. 눈이 트이기 시작한 거죠. 재미난 사실을 하나 알려드릴게요. 저의 대학 생활을 통틀어, 자기계발서를 가장 열심히 읽은 학기의 학점이 제일 낮았습니다. 그것도 압도적인 차이로 말이죠. 덕분에 4학년 졸업할 때까지 학점을 메우는 데 고생을 많이 했습니다. 그토록 성장하고 성공하는 법을 파헤쳤는데 학점은 제일 낮다니, 아이러니하지 않습니까. 왜 그랬을까요? 간단합니다. 자기계발서를 읽는 데는 열심이었지만, 그것을 통해 배운 교훈을 삶에 적용하는 일에는 소홀히 했기 때문이었습니다. 책을 통해 공부하되 행동으로 실천하지 않은 반쪽짜리 독서를 한 셈이죠. 열심히 책에 몰두하느라 당시 학생이었던 제 본분을 잊은 것도 있었고요.

전 모든 배움은 두 가지로 구성되어 있다고 생각합니다. 개념과 체험입니다. 이 둘이 조화를 이룰 때 배움은 온전해집니다. 이런 생각은 저만 한 것이 아닙니다. 동서양의 현자들도 같은 이야기를 했습니다.

우리가 흔히 쓰는 '학습'이라는 단어는 배울 학學과 익힐 습學의 조합입니다. 학습Learning은 개념을 통해 배우고Studying 체험을 통해 익히는Practing 과정을 반복하며 이뤄지는 겁니다. 공자는 『논어』를 통해 "배우기는 하지만 사색하지 않으면 아무것도 없고學而不思則罔(학이불사즉망), 생각만 하고 배움이 없으면 위태롭다思而

不學則殆(사이불학즉태)"라고 말했습니다. 제자들이 열심히 배우되 스스로 사색함으로써 자신만의 학문 체계를 세우고, 사색하되 배움으로써 독단에 빠지지 않기를 바란 것입니다.

독일의 철학자 이마누엘 칸트는 "내용 없는 사유는 공허하고, 개념 없는 직관은 맹목적이다Gedanken ohne Inhalt sind leer, Anschauungen ohne Begriffe sind blind"라고 말했습니다. 자기 체험이 없는 개념은 공허할 뿐이고, 개념이 배제된 체험은 맹목적이라고 해석할 수 있습니다. 본인의 경험이 없으면 개념으로만 알고 있는 정보가 진짜인지 의구심이 생길 수밖에 없고, 개념이 없이 자기 경험만 있다면 그게 전부인 것으로 오해할 수 있기 때문입니다. 당시 저의 독서는 위태롭고 공허했습니다. 체험은 뒤로한 채 개념에만 모든 초점이 맞춰져 있었으니까요.

우리는 한 권의 책을 통해 저자의 수십 년 경험을 만납니다. 멋지지 않습니까. 타인의 인생을 짧은 시간 동안 간접 경험하는 겁니다. 한 권의 책으로 그의 지식과 지혜를 배울 수 있습니다. 값지지 않습니까. 수많은 시행착오와 연구 끝에 나온 배움의 정수를 요약 공부하는 겁니다. 책이 배움을 위한 멋진 도구임은 분명합니다. 하지만 완전하지는 않습니다. 책 속에 담긴 글을 읽는 건 '개념'을 통해 배우는 일입니다. 여기에 자기 체험이 따라와야 합니다. 자기 체험 없이 열심히 읽기만 하는 것은 반쪽짜리 학습에 불과합니다.

시간이 지나, 다시 또 열심히 책을 통해 성장하는 방법을 찾기 시작했습니다. 다만 과거의 위태롭고 공허한 독서를 반복하지 않았습니다. 시행착오를 통해 배운 게 있었으니까요. 끌림이 있는 책을 고르고, 그 안에서 배운 내용을 삶에 적용했습니다. 시간과 업무를 관리하는 데 도움이 된다길래 각종 다이어리, 플래너를 사용해봤습니다. 관련 수업에도 참가하며 경험자들과 이야기를 나눴습니다. 자기 관리를 도와준다는 각종 도구들을 알려주길래 그것 역시 사용해봤습니다. 카드, 워크시트, PC 프로그램, 스마트폰 어플리케이션, 타이머 등 참 다양하더군요. 책에 나오는 내용을 바탕으로 저만의 하루 관리 양식을 만들기도 했습니다. 심지어 책에 나오는 3~4시간 수면법도 따라 해봤습니다.

그렇게 직접 실천해보니 뭐가 지금 저에게 맞고 뭐가 안 맞는지를 알게 되더군요. 잠을 줄이려는 시도는 이제 하지 않습니다. 잠을 줄이니 깨어 있는 시간은 확보했지만 집중력이 현저히 떨어졌습니다. 차라리 깨어 있는 시간을 어떻게 잘 활용할지에 집중하기로 했습니다. 각종 복잡한 양식의 다이어리나 플래너도 더 이상 사용하지 않고, 30분 단위로 업무를 배정하는 일도 그만두었습니다. 최대한 모든 것을 단순하고 가볍게 만드는 것이 저의 기준이 되었습니다.

많은 독서, 좋습니다. 열심히 읽으세요. 그 안에서 배우는 것들이 있으니까요. 다만 책을 읽는 데서 그치지 않고 책으로부터 얻은 교훈을 자기 삶에 적용하는 연습까지 이어졌으면 좋겠습니다. 책을 펼쳤을 때만 독서가 아닙니다. 마지막 장을 덮고 나서도 독서는 지속됩니다. 독서의 완성은 결국 독자의 삶 속에 있습니다. 책에서 배우고 느낀 점을 자기 삶에 하나라도 적용해세요. '독서책'을 읽었다면 이제 다른 책들을 독서해보세요. 이를 통해 자기만의 철학과 기준을 만들어봅시다.

책만 보는 똑똑한 바보가 되지 마세요. 지식도 많고 삶의 지혜도 갖춘 사람이 되었으면 합니다. 머리만 어른으로 크지 말고 온몸도 함께 발달했으면 합니다. 즐겁게 책을 읽으세요. 책을 통해 열심히 배우세요. 배움을 통해 사색하고 실천하세요. 그렇게 개념과 체험, 학과 습의 조화를 이룰 때 여러분의 독서는 비로소 완성됩니다.

"저도 책 읽으면 삶을 바꿀 수 있을까요?"

독서를 통해 큰 변화를 이룬 사람은 분명 많습니다. 책에는 수많은 사람들의 오랜 경험과 지혜가 담겨 있습니다. 이를 가장 손쉽게 얻을 수 있는 수단이 책인 것도 사실입니다. 그러나 책 한 권을 통해 인생 전체를 바꾸려는 욕심을 내려두시기를 바랍니다. 책에서 반드시 교훈을 얻어 극적인 변화를 이뤄내야 한다는 의무감도 마찬가지고요. 평소 읽지 않는 사람일수록 책 한 권으로 인생을 바꿀 수 있기를 희망합니다. 책에 대한 기대 수준을 낮추는 게 좋습니다. 기대가 커지면 집착이 생기고 그로 인해 초조해집니다. 결과에 집착하지 말고 과정에 집중하세요.

다만 한 권의 책이 변화를 위한 계기가 될 수는 있습니다. 새로운 변화의 시작점이나 전환점이 될 수는 있습니다. 모든 사람에게는 지금까지 알게 모르게 쌓아온 노력과 경험이 있기 때문입니다. 큰 변화는 임계점을 지났을 때 나타납니다. 임계점에 다다를 때까지는 아무리 노력을 해도 원하는 만큼의 성과나 변화가 나타나지 않습니다. 때로는 밑 빠진 독에 물 붓는 것 같은 느낌도 들 겁니다. 노력은 하는데 당장 결과가 보이지 않으니 허망하지요. 하지만 임계점을 지나는 순간 급격한 변화가 따라옵니다. 때로는 자신도 놀랄 만큼의 성과가 보이기도 하고요. 지금까지 잔잔한 호수 위에서 노를 젓고 있었다면, 이제는 급물살을 타고 래프팅Rafting을 즐기는 셈입니다.

책을 열심히 읽었습니다. 그런데 책을 읽고 나서도 뭐가 변했는지 알 수가 없는 겁니다. 공허했습니다. 책을 읽을 때마다 북리뷰를 남겼습니다. 10편, 20편, 30편… 쌓여가는 맛이 있었습니다. 어느새 100단위의 기록을 넘어섰습니다. 기분이 좋았습니다. 그런데 막상 제 삶 자체는 크게 달라진 게 없어보였습니다. 똑같이 스펙 쌓고 취업 준비하고, 업무에 시달리고 방황하고… 그럼에도 일단 꾸준히 책을 읽고 기록을 남겼습니다. 지금은요? 처음과 완전히 다른 삶을 삽니다. 파워블로거에 선정되었고 여러 권의 책을 쓴 작가도 되었습니다. 자기 콘텐츠로 강의도 하고 모임도 열며, 무엇보다도 꾸준히 나다운 삶을 만들어가고 있습니다.

하지만 대부분의 사람들이 임계점이 다다르기 전에 포기합니다. 그 지루한 과정 끝에 달콤한 열매가 있음을 알지 못합니다. 대신 다른 길이 없을까 찾아다닙니다. 그러다 트랙을 바꿉니다. 새로 시작해야 하죠. 그럼에도 마찬가지로 임계점은 저 멀리 있습니다. 오히려 새로 시작했기에 거리는 더 멀어졌습니다. 이에 다다르는 과정은 역시나 지루하겠죠. 그러다 또 다른 길을 찾습니다. 반복된 패턴입니다. 씨를 뿌렸으면 기다릴 줄 알아야 합니다. 우리 눈에 보이는 게 없더라도, 씨앗은 땅 속 깊은 곳에서 열심히 자신의 싹을 틔우고 있습니다. 그러다 줄기를 만들고 꽃을 피우고 열매를 맺습니다. 당장 열매가 보이지 않는다고 땅을 뒤엎어버리고 다른 씨앗을 찾는다면 어떻게 되겠습니까. 그동안 애써 싹을 틔우던 씨앗의 노력은 허사가 됩니다. 결국 어느 하나의 임계점과도 만나지 못하죠.

독서 역시 마찬가지입니다. 책을 통해 곱씹은 경험이 쌓여 임계점을 지났을 때, 우리 삶에는 큰 변화가 찾아옵니다. 그 기간이 얼마가 될지는 아무도 모릅니다. 얼마만큼의 경험이 필요한지도 모릅니다. 그러니 우리는 그저 즐겁게 자신의 길을 걸어가면 됩니다. 한 권의 책으로 인생을 역전할 욕심을 부리지 말고, 그저 하나씩 하나씩 지금 내가 읽고 있는 책에 집중하면 됩니다. 책을 읽고 사유하되 책에 집착하지는 마세요. 집착하지 말고 집중하는 마음이 필요합니다.

그러기 위해서는 내면의 끌림을 따를 필요가 있습니다. 욕망에 충실할 필요가 있습니다. 본능을 따를 때 우리는 결과에 앞서 행위에 집중할 수 있거든요. 자연스러우니까요. 재밌으니까요. 자연스러우니까 거부감이 없고 재밌기에 꾸준히 하게 됩니다. 꾸준히 하기에 내공이 쌓입니다. 그렇게 쌓은 내공은 결국 세상에서 나답게 살 수 있는 원동력이 됩니다.

강박적인 독서는 이제 내려두셔도 됩니다. 과제처럼 읽지 마세요. 행동의 기준을 남의 시선이나 경쟁이 아니라, 자기 내면의 끌림에 두세요. 공포와 두려움을 피하기 위해 불안한 마음으로 책을 읽기보다는, 즐거움에 가득 찬 마음으로 책을 누리세요. 독서가 불안과 결핍의 회피 수단이 아니라, 기쁘고 즐거움의 대상이 되기를 바랍니다. 의무감에 억지로 애쓰며 읽기 보다는 끌리는 대로 즐겁게 읽었으면 합니다. 사람은 재밌어야 움직이고 자연스러워야 오래갑니다. 그러니 그냥 자기 본능대로 끌리는 대로 읽으세요. 거침없이 나답게.

끌리는 대로 읽다 보니 나답게 사는 법을 알게 됐다

본능 독서

초판 1쇄 발행 2018년 11월 26일
지은이 이태화

펴낸이 민혜영 | **펴낸곳** (주)카시오페아 출판사
주소 서울시 마포구 월드컵북로 42다길 21(상암동) 1층
전화 02-303-5580 | **팩스** 02-2179-8768
홈페이지 www.cassiopeiabook.com | **전자우편** editor@cassiopeiabook.com
출판등록 2012년 12월 27일 제2014-000277호
편집 이주이 | **디자인** 석혜진

ISBN 979-11-88674-34-3 03190

이 도서의 국립중앙도서관 출판시도서목록(CIP)은 서지정보유통지원시스템 홈페이지(http://seoji.nl.go.kr)와
국가자료공동목록시스템(http://www.nl.go.kr/kolisnet)에서 이용하실 수 있습니다.
CIP제어번호: CIP2018036229